货币政策目标的选择

——基于金融稳定与货币稳定目标的协调问题研究

刘 玚 著

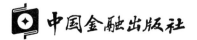

中国金融出版社

责任编辑：任　娟
责任校对：张志文
责任印制：张也男

图书在版编目（CIP）数据

货币政策目标的选择：基于金融稳定与货币稳定目标的协调问题研究／
刘玚著. —北京：中国金融出版社，2019.7
ISBN 978 - 7 - 5220 - 0164 - 7

Ⅰ. ①货… Ⅱ. ①刘… Ⅲ. ①货币政策—研究 Ⅳ. ①F820. 1

中国版本图书馆 CIP 数据核字（2019）第 133845 号

货币政策目标的选择——基于金融稳定与货币稳定目标的协调问题研究
Huobi Zhengce Mubiao De Xuanze：Jiyu Jinrong Wending Yu Huobi Wending Mubiao De
Xietiao Wenti Yanjiu

出版
发行　　中国金融出版社

社址　北京市丰台区益泽路 2 号
市场开发部　（010）63266347，63805472，63439533（传真）
网 上 书 店　http：//www. chinafph. com
　　　　　　（010）63286832，63365686（传真）
读者服务部　（010）66070833，62568380
邮编　100071
经销　新华书店
印刷　北京市松源印刷有限公司
尺寸　169 毫米 × 239 毫米
印张　9.75
字数　155 千
版次　2019 年 7 月第 1 版
印次　2019 年 7 月第 1 次印刷
定价　30.00 元
ISBN 978 - 7 - 5220 - 0164 - 7
如出现印装错误本社负责调换　联系电话（010）63263947

一直以来，货币当局的主要职责在于维护宏观经济稳定，因而形成了宏观经济学理论中经典的货币政策四大目标：经济增长、物价稳定、充分就业和国际收支平衡。经过长时间的实践与论证，大多数决策者将维护货币稳定放在货币政策目标的首位。然而，美国次贷危机的爆发，使学界与实务界开始反思这一货币政策目标体系的全面性与合理性。在金融体系运转出现极度不稳定（特别是出现市场泡沫）的情况下，传统的货币政策框架根本无法有效识别宏观经济运行过程中的实际情况，进而更加无法制定出有效的货币政策来防止金融体系的不稳定向实体经济蔓延。近期，美联储稳健而具有预见性的加息步伐也由于其仅仅关注就业与通胀水平而受到许多人乃至美国总统特朗普的诟病，认为当前一味地加息只会使美国金融市场更加不稳定，从而损害美国长期利益。

金融稳定是否应当作为货币政策的一个明确目标就如同货币政策是否应当盯住资产价格一样，成为当前讨论的一个热点话题。由于金融稳定与货币稳定之间在某些时候存在一定的冲突，如何实现金融稳定与货币稳定之间的协调才是当前学术界与实务界所急需解决的难点问题。

中国作为世界第二大经济体，其经济体系和金融市场的运转情况也受到了世界范围内广大经济参与者、学者乃至决策者的重点关注。中国当前面临着经济环境的内外双重冲击：从国内来看，前期房地产市场的快速上涨和整体杠杆水平迅速攀升使金融稳定状况面临压力，系统性风险的可能性有所上升；从国外来看，美国逆全球化政策和美联储加息进程的深入推进使中国外贸形势严峻，同时人民币面临贬值压力。在这一背景下，货币政策已然无法仅以传统四大目标作为实施依据，更需要注重国内金融市场的稳健水平。

基于上述背景，本书拟从货币政策框架出发，分析金融稳定因素在货币政策框架中的角色定位，并在此基础上研究金融稳定与货币稳定之间的协调策略，为货币当局提供一定的政策指导。

本书具体内容如下：

第一章为绪论。本章首先介绍本书的研究背景、写作目的、理论与现实意义，然后在对相关概念进行阐述的基础上介绍了本书的研究内容、思路和研究方法，最后阐述本书的逻辑框架以及创新和不足。本章内容是本书的总论部分，也是对本书论题进行深入研究的基础。

第二章为金融稳定与货币稳定协调的理论基础与文献回顾。本章紧密围绕货币稳定与金融稳定的关系这一主线，对既有的研究成果进行系统的回顾。首先，主要从相关的经典理论方面进行综述；其次，针对含有金融稳定因素的货币政策框架分析进行文献综述，在此基础上，基于卢卡斯不完全信息理论构建一个简单的投资—通胀模型，分析货币稳定与金融稳定之间的内在关联机理，为下文分析金融稳定因素在现有货币政策框架内应居于何种地位提供理论基础；最后，梳理金融稳定与货币稳定之间关系研究的演变过程，并对当前研究较多的货币政策与宏观审慎政策关系研究的文献进行整理与评析。

第三章为金融稳定的衡量及其在货币政策传导中的作用分析。本章从金融稳定角度考察金融系统稳健程度对货币政策运行效果的影响，基于已有文献或理论基础对金融稳定（特别是中国的金融稳定）进行定义；在此基础上，构建一个含有金融加速器机制的货币政策效应模型，分析金融稳定在传导过程中的作用机制。在实证过程中，本章针对中国金融体系的特点构建了一个中国金融稳定指数，再利用测算出的金融稳定指数，构造了含时变参数的向量自回归模型（TVP-VAR），研究不同经济周期阶段金融稳定在货币政策传导过程中的作用情形，为货币当局判断金融稳定对货币政策实施的效果提供实证依据。

第四章为金融稳定约束下中国货币稳定目标的实现路径。本章重点分析在考虑金融稳定约束的条件下，货币稳定作为当前货币政策首要目标的理论基础。首先，从货币稳定的内涵出发，考察当前形势下中国货币政策实施货币稳定目标的必要性。其次，针对中国的实际情况，构建一个含有金融稳定约束的动态随机一般均衡（DSGE）模型，模拟并比较分析在金融稳定约束下货币政策的实施效果差异，针对当前中国的经济环境，选择合适的货币稳定替代指标。最后，在已选择合理指标的基础上，通过实证分析，考察中国货币当局实现货币稳定的具体操作策略。

第五章为货币政策框架下金融稳定与货币稳定的协调策略。本章从货币政策的实际操作策略视角出发，分析货币政策在盯住货币稳定目标时应当如何兼顾金融稳定目标。首先构建一个斯坦克尔伯格博弈模型（Stackelberg Game），考察货币政策与金融机构风险承担行为之间的动态反馈机制，为后文中货币政策的制定策略提供理论基础。在得到相对定性的操作策略结论后，为中国货币政策框架下的货币稳定与金融稳定协调提供实际操作设计。具体方法是通过构建含有时变参数的向量自回归模型，运用中国的实际数据对金融稳定因素进行压力测度，考察以货币稳定为目标的货币政策框架下带动金融稳定指数上行的最大货币冲击与产出冲击，确定金融稳定指数的有效浮动区间，从操作层面制定"在以货币稳定为首要目标的基础上，最大限度地维持金融体系稳健运行"的具体操作策略，为货币当局制定货币政策提供一定的实际参考依据。

第六章为货币政策体系改革与展望。本章总结本书的主要研究结论，提出在含有金融稳定因素的货币政策框架下，货币当局应当如何有效协调货币稳定与金融稳定两大因素之间的关系。此外，本章还探讨了本书研究的局限，提出了货币稳定与金融稳定关系的未来研究方向。

目 录

CONTENTS

第一章　绪论

经济金融发展史充分说明，金融体系的安全、平稳运行是保障经济稳定发展的必要条件。以金融体系为核心的虚拟经济一旦脱离实体经济形成过度发展的趋势，必然会衍生出更大的系统性风险，甚至进一步蔓延到实体经济，对国家经济发展造成不可逆转的损害。因此，货币当局在制定并实施货币政策的同时，必须考虑金融稳定在整个货币政策传导机制过程中的关键作用，特别是要厘清金融稳定与货币稳定之间的关系，进一步完善含有金融稳定因素的货币政策理论框架，才能在兼顾货币稳定目标的同时，最大限度地维持金融体系稳健运行，最终保障经济系统的健康、平稳运转。

第一节　选题背景、意义与研究思路

一、选题背景

一直以来，货币政策所关注的焦点问题在于如何维持整个经济的正常、稳定运转，这就使中央银行在制定货币政策时，将众所周知的价格稳定、经济增长、充分就业与国际收支平衡作为最终目标并努力实现。随着货币政策与宏观经济理论研究的逐步深入，大部分学者赞同将价格稳定置于四大目标的首要地位，从而进一步衍生出当前许多发达经济体的一系列货币政策框架。这其中包括典型的通胀目标制国家（如瑞士、加拿大等）以及将通胀水平放在首要位置的发达经济体（如英国、法国等）。从历史经验来看，维持货币稳定（在大多数情况下与通胀稳定相当）也成为实现经济正常、稳定运行的充要条件，特别是 20 世纪 90 年代以来，世界主要经济体都在以货币稳定作为主要目标的条件下成功进入了所谓的"大稳健"（Great Moderation）时代——这期间各国的通胀水平都维持在零以上的低位。尽管这期间也爆发过多次经济危机，但这些危机普遍被认为并非由以货币稳定为核心目标的货币政策框架导致。

然而，随着金融系统的不断扩张，金融系统的运行对经济运行的稳定产生了十分显著的影响，许多学者也发现金融稳定是实现经济稳定运行不可或缺的重要因素。美国次贷危机似乎也验证了这一观点的正确性：在次贷危机爆发前，美联储维持低通胀的货币政策使整个经济系统内的货币运转具有很高的稳定性，但正是资产价格（特别是房地产价格）的剧烈波动，使金融机构的风险承担水平上升，隐性风险逐步积累，并逐步转变成系统性风险，最终在美联储加息刺破房地产泡沫的情况下引致大量金融机构受到严重负面冲击，进而又迅速蔓延到实体经济，造成了 21 世纪以来全球最为严重的一次经济危机。次贷危机爆发后，许多学者开始对危机前的货币政策进行反思，并惊奇地发现，以货币稳定作为货币政策的唯一（或重要）目标，会促使市场形成长期低通胀环境下的乐观情绪，这种情绪的逐步积累也反映在资本市场（此次危机即出现在房地产市场），形成资产价格泡沫。当金融市场的核心参与者——金融机构也积极参与到这一投机行为（以抵押贷款形式）当中时，将会产生严重而不可逆转的后果：资产价格泡沫的破裂将导致以该资产为标的的金融产品出现信用风险，并进一步提升金融机构的流动性风险，伴随着恐慌情绪的蔓延，最终引发国际金融危机。自此，学术界与实务界都开始重新审视货币当局的政策框架，考察是否应当将金融稳定作为重要的货币政策目标纳入目标体系。

中国的经济金融系统自中国人民银行成立以来并未爆发过一次金融危机或经济危机，但并不表示中国的金融系统保持长期稳健运行。在国内外多重因素压力下，金融系统风险点多面广，潜在风险和隐患正在积累，脆弱性明显上升，既要防止"黑天鹅"事件发生，也要防止"灰犀牛"风险发生。

简·丁伯根曾经提出，任何政策的单一目标都必须存在一个与之相对应的政策工具，且目标与工具之间存在显著的线性无关性，这便是著名的丁伯根法则。遵循这一原则，现阶段大多数学者坚持认为，应当通过货币政策实现货币稳定、通过宏观审慎政策实现金融稳定。本书认为，现实情况下任何政策工具与目标之间都不可能做到绝对线性无关，多个政策工具与政策目标之间必然存在交互关联。因此，货币政策不应绝对地仅盯住货币稳定目标而忽视金融稳定状态的变化。货币当局在"双工具—双目标"

的政策框架下，应当采取"在以货币稳定为首要目标的基础上，最大限度地维持金融体系稳健运行"的货币政策框架。这里强调"首要目标"，其原因就是要求"首要目标"必须是核心目标，核心地位不能动摇，始终居于主导地位，但在金融体系出现重大波动时，货币政策可以暂时偏重于考虑金融稳定因素，在金融不稳定因素得到有效遏制后仍要坚持货币稳定这一核心目标。

基于上述背景，我们有必要对货币稳定与金融稳定之间的交互影响以及货币政策对货币稳定与金融稳定的协调策略进行深入分析，从而为货币当局更好地实现政策目标提供新的思路。

二、研究目的和意义

由于金融体系的稳健运行在当前环境下成为经济正常、有效运转的重要保障，因此货币当局必须将金融稳定作为框架内的一个重要政策目标予以重视。从中国当前所使用的货币政策工具以及采取的措施来看，其目标更多地是为经济增长与货币稳定服务，在一定程度上忽略了金融稳定因素。基于上述原因，本书通过研究试图达到以下目的。

第一，对货币稳定的内涵进行合理界定，为中国货币政策的货币稳定目标寻找合理、有效的指标或目标，并在此基础上考察中国货币当局在实施以货币稳定为目标的货币政策时的传导机制与有效性。

第二，考察金融稳定在货币政策框架中的地位与作用。这其中首先要明确金融稳定的定义与测度，在此基础上刻画含有金融稳定因素的货币政策实施过程，研究金融稳定在货币政策传导机制中起到的作用。

第三，构建一个同时含有货币稳定与金融稳定因素的货币政策理论框架，重点分析这一理论框架中货币稳定与金融稳定之间的相互作用关系，明晰二者之间的一致性与矛盾性，并针对二者之间的矛盾性，运用博弈方法考察货币政策与金融机构风险承担行为之间的动态反馈机制，从理论与实证两个方面为中国货币当局采用"在以货币稳定为首要目标的基础上，最大限度地维持金融体系稳健运行"的货币政策框架提供理论基础与操作路径。

从本书研究主题的理论意义来看，自 20 世纪 90 年代世界各国的学术界与货币当局达成"杰克逊霍尔共识"（Jackson Hole Consensus）以来，货币当局的主要目标转变为盯住核心通胀率,将通胀水平维持在较低的稳定状态,并强调政策的可信性与可预见性,以此提升货币政策透明度(Greenspan,2004;Goodfriend,2007)。事实上,"杰克逊霍尔共识"正是基于货币稳定与金融稳定内在的一致性,他们认为只有在资产价格变化包含了未来特定区间内通胀信息的前提下,货币政策才应当对其作出反应,而一般情况下,实施以货币稳定为目标的货币政策能够同时实现金融稳定。但在随后很长一段时间内,许多经济学家通过事实证明了历史上几次较大的资产价格泡沫的形成都是出现在货币稳定的环境下,而这也充分说明了金融稳定与货币稳定之间的矛盾性。在随后的时间里(特别是后次贷危机时代),决策者倾向于构建一套"双工具—双目标"的宏观政策调控框架,即通过传统货币政策工具实现货币稳定目标、通过宏观审慎政策工具实现金融稳定,这也使大部分文献在研究货币稳定与金融稳定关系时,倾向于研究货币政策与宏观审慎政策之间的关系。

由于货币稳定与金融稳定之间存在短期矛盾性和长期一致性(王自力,2005),本书认为货币稳定与金融稳定之间存在紧密联系,且货币政策在制定与实施过程中不可能只是单方面关注货币稳定目标而完全忽视金融稳定因素,因为货币政策的实施必然对金融稳定带来显著影响。因此,本书从货币政策的货币稳定目标出发,在已有的货币政策框架基础上,考察货币政策的实施对金融稳定因素的影响:从定性角度考察货币政策在制定过程中是否应当关注金融稳定因素;从定量角度考察货币政策的实施应当如何关注金融稳定,才能在短期和长期内实现货币政策效率最大化。这种关注金融稳定因素的货币政策实施思路能够为今后货币当局构建出一套更完善的货币政策框架提供一定的理论基础与依据。

20世纪90年代以来,我国确立并逐步完善了一套较完整的货币政策调控体系,并建立了一个包括经济增长、物价稳定、充分就业和国际收支平衡四大目标的货币政策目标体系,中央银行则根据不同时期的经济发展特点对这四大目标赋予不同的权重(周小川,2012)。从美国次贷危机的教训中我们也能发现金融稳定对整个经济体系稳健运行的重要性。中国在2003年修订的《中国人民银行法》中明确提出将维护金融稳定作为中国人民银行的重要职能,这就要求货币当局在制定货币政策时对金融稳定给予足够重视。

中国经济的转型发展离不开金融稳定的支持,但如何将金融稳定与过去长期制定的货币稳定目标进行有机结合是当前货币当局急需解决的问题之一。本书基于中国的实际情况，通过对货币稳定与金融稳定予以量化，从实证角度考察货币稳定与金融稳定之间的兼容性与互斥性。在此基础上，通过压力测度的方法测算金融稳定有效波动区间，为在实现货币稳定的政策目标基础上最大限度地维持金融稳定提供参考依据。本书的研究结果有助于决策层在制定货币政策时放宽思路，最大限度地满足货币稳定与金融稳定两大目标，而非仅局限于一个方面。

三、研究思路

本书在以货币稳定为目标的货币政策框架内加入了金融稳定因素，考察了货币稳定与金融稳定之间的关联性，最终为货币当局提供了一个能够有效协调货币稳定与金融稳定的货币政策实施策略。

从写作思路上看，首先，通过构建一个简单的投资—通胀模型来阐述金融稳定与货币稳定之间的内在关联性，为进一步分析金融稳定与货币稳定之间的协调策略提供理论基础（第二章）；其次，构建一个含有金融加速器机制的货币政策理论模型，分析金融稳定因素在货币政策实施过程中的作用，并通过构建考虑金融机构稳定运行、金融市场运转稳定和金融体系抗风险能力的中国金融稳定综合指数，运用含时变参数的向量自回归模型对理论分析进行实证检验，确立了金融稳定在整个货币政策传导过程中所起到的作用（第三章）；再次，基于中国现有的货币政策框架，通过构建一个开放经济条件下的两国动态随机一般均衡模型，比较得出不同金融体系稳健性状态下的经济运行效率以及货币政策应当如何选择最能反映中国当前现实条件的货币稳定指标，为后文研究货币稳定与金融稳定的关联性及协调性提供理论与数据支持（第四章）；最后，利用斯坦克尔伯格博弈模型考察货币政策与金融机构风险承担行为之间的动态反馈机制，确定金融稳定与货币稳定协调的理论基础，并进一步测度出不同经济时期带动金融稳定指数上行的最大货币冲击与产出冲击，确定金融稳定指数的有效波动区间，为考虑金融稳定因素时货币政策的实施提供可以参考的策略（第五章）。

第二节 金融稳定与货币稳定的概念界定

一、金融稳定的概念

尽管各国中央银行都将维持金融稳定作为它们的一个重要职能和操作目标，但无论是学术界还是实务界，对金融稳定概念的界定并未达成一致。对金融稳定问题的研究，可以追溯到 20 世纪初，当时凯恩斯就对金融市场的不确定性与资本的边际效率之间的关系进行了研究，而后新古典主义学派代表人物马歇尔也就金融市场运行与经济周期性波动之间的关联性进行了深入探讨，但他们的这些研究都将金融稳定作为一个附加因素，放到整个经济运行过程中进行分析，并没有独立地考察金融稳定这一概念的界定。张洪涛和段小茜（2006）通过归纳国际学术界对于金融稳定的定义，发现涉及金融稳定研究的文献大致可分为五类：抵御冲击说、要素描述说、金融功能说、管理系统说以及金融不稳定假说。尽管这一定义至今也未达成共识，但从现有的研究成果来看，大部分学者对金融稳定的定义主要包括两种方式：一是通过金融稳定的表现特征对金融稳定的内涵进行直接正面的阐述，二是通过金融不稳定的表现特征对金融稳定的内涵进行间接侧面的阐述。

（一）通过金融稳定的表现特征进行直接正面的阐述

从实务的角度来看，最先设置金融稳定部门的货币当局是瑞典的中央银行，其在 1998 年出版了一本权威的金融稳定报告，并在这一报告中将金融稳定定义为整个支付体系的安全及有效运行。瑞典的中央银行认为，金融体系有效和稳定运行，必须打好三大基础：首先是由规章法令所组成的监管框架，其次是货币当局对系统性风险的及时监测与预警，最后是应对金融危机前后的一套配套措施。这三大基础需要货币当局与金融监管部门合理分工与通力合作才能得到有效巩固。自此以后，全世界其他国家的中央银行也纷纷开始对金融稳定进行概念上的界定。

澳大利亚银行 F. Laker（1999）将金融稳定定义为金融体系在受到扰动时能够避免引起实际产出出现重大损失的能力。荷兰银行 Nout Wellink

（2002）认为金融体系的稳定应当表现在能够实现资源的有效配置和抵御负面冲击，并在此基础上隔断这一冲击对其他金融体系以及实体经济带来负面影响。德意志联邦银行（2003）在德国金融稳定报告中提出，金融稳定描述的应当是一种状态，在这种状态下，金融体系的核心功能（包括资源分配、风险分散以及交易结算等）能够实现有效运转，同时在面临外部冲击导致的金融压力提升和经济结构转型时，也能在很大程度上维持这些核心功能的正常运行。欧洲中央银行 Tommaso Padoa-Schioppa（2003）则强调金融稳定从本质上应是这样一种情况：当外部的负面冲击对系统造成影响时，金融体系内部的储蓄—投资转换效率不会出现严重损害，且这种损害不具有持续性与累积性。Michael Foot（2003）提出对金融体系的信心是金融稳定的核心内容；此外，金融体系的稳定还应当体现在金融体系的波动不会对实体经济、币值稳定以及就业水平造成过度影响。

如果说各国的中央银行在定义金融稳定时会更多地考虑自己国家的经济金融发展特点，那么作为世界范围内的大型国际金融机构，国际货币基金组织（IMF）官员对金融稳定的界定应当更加全面和客观。Aredt Houben 等（2004）基于各国中央银行对金融稳定的定义，归纳出金融稳定条件下的金融体系应当包含以下三大功能：一是能够实现经济活动中资源的有效跨期资源配置，二是能够在可获得的客观数据分析基础上合理评估与管理金融风险，三是能够充分吸收外部冲击对金融系统产生的负面影响。其国际资本市场部的经济学家 Schinasi（2004）认为，金融稳定性应当体现在金融体系推动资源配置优化、风险管理以及吸收负面冲击三个方面的能力上。因此，他认为如果金融系统一方面能够带动经济发展，另一方面也能够抵御负面冲击所导致的金融失衡，那么就可以认为该金融系统具有较高的稳定性。

中国人民银行作为中国的货币当局，在定义金融稳定时也充分考虑了本国的经济金融特点。2005 年中央银行第一次发布了《中国金融稳定报告》，对金融稳定也作出了明确的定义：金融稳定是指金融体系处于能够有效发挥其关键功能的状态。在这种状态下，宏观经济健康运行，货币和财政政策稳健有效，金融生态环境不断改善，金融机构、金融市场和金融基础设施能够发挥资源配置、风险管理、支付结算等关键功能，而且在受到外部因素冲击时，金融体系整体上仍然能够平稳运行。吴念鲁和郧会梅（2005）从六大方面对金融稳定进行了更为全面的界定：第一，基于货币供给与货币需求相对稳定的币值稳定；第二，信贷供给与信贷需求相平衡的信用关系稳定；第三，大型、重点金融机构的运行稳定，且不存在较大的兑付或资不抵债的风险；第四，金融市场运行稳定，所标的的资产价格在较为充分反映经济基本面的情况下不出现短期的剧烈波动；第五，国际收支相对平衡，汇率水平相对稳定；第六，金融系统内部的组成部分能够在已有的关联下协调、顺畅发展，没有出现不适应、相互冲突的情况。满足上述条件，则可以判定金融系统处于稳定运行状态。

（二）通过金融不稳定特征进行间接侧面的阐述

由于金融稳定在一定条件下难以进行直接正面的刻画，因此一部分学者通过对金融稳定的对立面——金融不稳定进行详尽描述，强调金融不稳定具备的特征以及带来的负面影响，使公众更加深刻地理解金融稳定的含义。

Andrew Crockett（1997）认为金融不稳定实质上就是实体经济在金融体系负面影响下受到损害的一种状态。在这种状态下，往往会表现出资产价格剧烈波动，甚至出现金融机构接连倒闭。在他的定义下，只有当金融体系的不稳定传导至实体经济部门，对实体经济带来破坏时才是真正意义上的不稳定。与 Crockett 的观点一致，Ferguson（2002）也认为金融不稳定从本质上来看应当强调金融系统与实体经济之间的关联性，他将金融不稳定归纳为三大特征：（1）金融资产价格出现扭曲，且大幅偏离合理的基准水平；（2）金融市场上信贷资金的可得性受到严重制约；（3）总支出远远偏离实际经济产出能力。Frederick Mishkin（1999）强调，由于金融不稳定情况的存在，受信息不对称因素的影响，负面冲击使金融系统无法实现资源配置的帕累托最优，从而导致金融系统无法将资金引入合理的投资项目。因此，信息不对称在金融不稳定条件中起到了决定性作用。John Chant（2003）提出，金融不稳定实际上应当是这样一种状态：当金融体系受到负面冲击而出现不稳定的一些特征时，它会进一步通过金融渠道与非金融渠道对实体经济产生负面影响。其中，金融渠道的影响主要体现在金融不稳定导致金融机构的资金供给受到影响，从而弱化它们的资金融通能力；非金融渠道的影响主要体现在金融不稳定将会引发家庭、企业或政府的资产负债表恶化，从而降低它们的再融资能力。

由于本章重点考察金融稳定在货币政策框架下的作用机制，且下一步还需对金融稳定进行度量，因此有必要从正面对金融稳定的特点进行总结与概括。首先，金融稳定强调的是一种状态，在这种状态下，整个金融体系能够实现金融资源的有效配置。要想达到这一目标，就必须保证金融资产价格在整个金融体系中能够充分发挥市场机制的作用，因此，金融稳定应当具有金融资产价格相对稳定合理的特点。其次，金融稳定应当是整个金融系统的稳定运行，这就使整个金融体系的内部要素——金融机构、金融市场以及包括法律、支付结算、会计审计等在内的金融基础设施必须也能够实现稳定运行。再次，金融稳定必须与实体经济发展保持密切联系，只有当金融体系的负面冲击已经或者很有可能影响实体经济正常运转时，才应当予以重点关注。最后，金融稳定应当是一个宏观的、综合的、连续的、动态的概念，而非微观的、局部的、离散的、静态的概念，因此在关注金融稳定时，不能因为某一时点的某一指标对非均衡状态的偏离而断定金融系统处于不稳定阶段，而应当从整体的趋势角度来进行分析与判断，这样才能对金融稳定这一状态作出更好的界定。

二、货币稳定的概念

从宏观经济理论角度来看，货币稳定强调的应当是在某一封闭区间内货币总量保持在一个稳定水平。由于商业银行这种具有货币乘数效应的金融机构的存在，货币当局对货币存量的总体把控能力随着金融体系的扩张而越发削弱。一般情况下，在封闭经济体内，货币稳定意味着单位货币所能换取的商品数量保持基本稳定，即内部通胀水平的稳定；而在开放经济条件下，单位货币所能换取的商品不仅局限在国内商品生产情况，而是更多地受可交换国外商品数量影响，这又使货币稳定情况受到汇率因素影响。因此，一国想要追求货币稳定，一方面要将通胀水平维持在稳定低位，另一方面也要尽可能地保持汇率稳定。

从世界金融史的发展历程来看，大部分经济体的货币当局几乎都将货币稳定作为货币政策的首要目标，主要原因是货币稳定意味着通胀水平会处于一个相对稳定的低位。由于通胀对于宏观经济运行带来的损害早已有大量文献予以证明，因此政策制定者们更愿意通过实现货币稳定的目标来维持通胀水平的稳定，并以此保障宏观经济运行过程中不会出现过度波动。从汇率角度来看，只有一国的货币能够被更多的其他国家所接受，能够通过直接交易换回更多商品，维持相对稳定的汇率水平才对货币稳定目标更有意义，而对于大多数国家而言，并非人人都能承受维持汇率稳定这一政策所带来的成本。

事实上，在宏观经济政策目标制定之初，无论是货币政策还是财政政策，其首要目标主要包括两大内容：一是促进经济增长，因为只有经济增长了，才能使财富总量增加，从而提高总体福利水平；二是实现充分就业，因为只有更多的人参与劳动并获得收入，才能使整个社会的资源分配更加有效，同时充分就业也能够进一步促进经济的持续增长。

凯恩斯的有效需求管理思路在 20 世纪 50 年代前后被用于宏观经济调控，为实现经济增长与充分就业两大目标作出了显著贡献。然而，随着石油危机的出现，面对 20 世纪 70 年代出现的滞胀，信奉凯恩斯主义的政策制定者变得束手无策。弗里德曼（1956）认为，货币当局在制定与实施货币政策的过程中，直到达到政策目标之前都存在显著的时滞性，且这种政策的时滞性不存在很强的规律性。这就导致政策制定者很难把握货币政策工具实施的切入点，一旦错误，就很容易加剧宏观经济波动。基于这一观点，以弗里德曼为首的货币学派修正了凯恩斯学派的菲利普斯曲线，发现通胀与失业之间不存在权衡关系，因而扩张性货币政策从长期来看不会对产出与就业水平带来增长动力。这一结论颠覆了凯恩斯学派的核心思想，即货币当局总是能够通过实施合适的货币政策实现产出与就业目标。货币学派通过长期实证数据发现，货币的流通速度与市场的货币需求在长期来看是相对稳定的，而货币政策对货币供给水平的变化最终只会反映到一般价格水平上。由于货币政策的长期目标是稳定通胀水平，因此货币政策应当在长期维持一个相对稳定的货币增长水平，这就是单一货币供给增长率规则。

在货币学派得出的相关结论基础上，理性预期学派也开始在学术舞台上活跃起来。Lucas（1972）作为理性预期学派的代表，从经济人的行为角度否定了凯恩斯学派的有效需求管理思路。其在发表的多篇文章中，都提出经济参与者在现行情况下会根据获取的所有有效信息迅速调整预期，并在很短的时间通过改变经济行为而形成新的均衡价格。在这种情况下，货币政策实施效果会随着经济参与者预期行为的改变而产生抵消效应，从而降低了货币政策效率。卢卡斯认为，如果货币当局能够有效地影响经济参与者的预期，并引导他们的预期行为朝他们所希望的方向实现，那么通过

货币政策工具来稳定通胀水平所需的成本就会大幅降低。在此之后，Kyd-
land 和 Prescott（1977）提出了著名的 RBC 理论，并证明了货币政策规则
优于货币政策相机抉择的结论。正是"时间不一致性"的存在，使货币政
策在根据相机抉择原则实施过程中会出现持续的通胀倾向，而当货币当局
在制定政策时承诺了一个持续的低通胀水平（无论这一承诺是显性的还是
隐性的），都会在很大程度上制约货币当局通过宽松的货币政策促进经济增
长目标的实现，最终只能实现一个低通胀、低效率的经济系统均衡。基于
Kydland 和 Prescott 的思想，部分学者（Barro & Gorden，1983；Backus &
Driffill，1985；Rogoff，1985 等）将 RBC 理论进行扩展，进一步在货币当局
的损失函数中加入了通胀率，把通胀目标明确地作为货币政策最终目标，
并通过实证模拟证明了这一思路的合理性。

从实际操作层面上来看，许多国家的中央银行都针对货币稳定目标采
取了相应的货币政策策略，并设计了合理的政策制度。这其中，最为典型
的制度设计是 20 世纪七八十年代许多国家实行的单一目标制，这一政策制
度主要包括两种执行方式：一种是货币供给的增长速度维持在一个相对稳
定（甚至基本恒定）的水平，另一种则是实施固定汇率制度。但从实际的
执行效果来看，那些实施固定汇率制度的货币当局随着布雷顿森林体系的
崩溃，也开始向通胀目标制转变。这其中就包括欧洲的英国和瑞典等发达
国家、南美的巴西和智利等新兴市场国家、东欧的捷克和波兰等发展中国
家、亚洲的泰国和韩国等发展中国家。经过几十年的货币政策实践，无论
是学术界还是实务界，都开始认同维持货币稳定目标（通胀稳定目标）应
当成为货币当局首要的政策目标之一。

第二章　金融稳定与货币稳定协调的
理论基础与文献回顾

第一节　金融稳定与货币稳定协调的理论基础

传统的货币政策理论表明，货币当局通过使用不同的政策工具（主要包括存款准备金率、再贴现率和公开市场操作等），对货币政策关注的中间变量产生影响，再经由不同渠道进行传导，最终实现对货币政策最终目标的把控。在这一过程中，各种政策工具的作用变化必然会对金融市场运行造成波动，从而影响金融体系的稳定运行。事实上，许多经济理论都从不同角度证明了货币政策在发生作用时对金融市场带来显著的影响。

一、流动性偏好理论

早在 20 世纪 30 年代初，英国的经济学家凯恩斯就提出了著名的流动性偏好理论。该理论认为，如果货币当局在流动性偏好保持不变时提高了货币供给，并因此降低了利率水平，且利率水平降低至资本边际报酬率以下，经济参与者就会提高自身的投资需求，进一步在投资乘数的作用下提高总需求，最终提高整个社会的就业水平与收入水平。然而，他强调在特殊情况下，如果利率下降到零或接近零时，这种流动性偏好效应不复存在，经济参与者不会将增加的货币存量用到消费与投资上，而是用于购买更多的股票或债券，即货币当局无论怎样扩大流动性，都无法提高公众的有效需求，这一状态被凯恩斯称为"流动性陷阱"。在流动性陷阱条件下，货币存量、利率水平以及商品价格等各宏观经济变量之间的内在联系会被割断，如货币供给的提高不会降低利率水平，也无法提高商品的价格水平，而公众的总需求不变甚至进一步减少，将无法提高总体产出，此时的货币政策处于无效阶段。

随后，著名经济学家克鲁格曼对凯恩斯的流动性陷阱假说进行了进一步的解析：当宏观经济运行过程中出现总需求连续下降的情况，且即使名义利率水平已经降至零甚至零以下水平，总需求水平仍然低于总供给水平时，经济系统就陷入了流动性陷阱。从表述上来看，克鲁格曼对流动性陷阱的解析与凯恩斯对这一概念的界定在主要原因、表现形式和最终结果方面基本一致，但从宏观经济变量的传动过程来看，两者存在本质的区别。克鲁格曼认为，在流动性陷阱出现的情况下，尽管公众有着异常强烈的流动性偏好，但这种重视安全性的偏好并不意味着公众更倾向于将货币储藏起来。从金融体系的发展角度来看，公众为保持充足流动性，很有可能将大量资金存入银行（前提条件是即使银行出现危机，在存款保险制度下也不会对存款带来损失），这就使社会的储蓄总量超过了充分就业状态下的储蓄水平。因此，导致经济体陷入流动性陷阱的根本原因不一定只是狭义的货币需求对利率的弹性被无限放大，在很大程度上有可能是广义的货币需求对利率的弹性被无限放大。所以，从克鲁格曼的视角来看，流动性偏好并非导致市场上货币需求无限放大的主要原因，这些问题很多时候往往都是流动性偏好之外的其他原因造成的。基于二者之间的差异，许多学者将凯恩斯的流动性陷阱称为古典或狭义的流动性陷阱假说，而将克鲁格曼提出的流动性陷阱称为现代或广义的流动性陷阱假说。对于广义流动性假说而言，更强调公众对宏观经济发展的信心与预期，而非狭义流动性假说中多次强调的流动性偏好，因此更符合现代经济的现状解释。公众减少需求的根本原因在于对未来的不确定性，因此提振公众预期、提高他们的市场参与度才是摆脱流动性陷阱最有效的解决办法。

事实上，无论是凯恩斯的狭义流动性陷阱还是克鲁格曼的广义流动性陷阱，都从经济参与者的货币需求偏好出发阐述了个体持有货币的根本原因。货币政策的基本目标即维持通胀水平处于相对稳定阶段（货币稳定），这就要求货币政策通过调整利率水平改变经济参与者基于理性假设的经济行为，最终影响价格与产出。当金融体系运行过程中出现极大的不稳定因素时，就会导致经济参与者的预期发生显著转变，此时利率的变化已经无法影响经济参与者的货币需求，也就是货币需求的利率弹性变得非常大，此时货币政策的变化根本无法通过利率变量影响公众的货币需求，也就更加无法影响整体的价格水平，极大地降低了货币政策效率。因此，在传统的货币政策框架下，金融体系运行稳定水平的高低直接影响着货币政策移动总需求曲线的效果，从而为经济系统的货币稳定状态提供重要保障。

二、财富效应理论

所谓财富效应，实质上指的是货币政策实施引起的货币存量的增加或减少，进而对社会公众手持的财富产生影响的效果。人们的资产越多，消费欲望越强。该理论成立的一个重要前提是人们的财富及可支配收入会随着资产价格上升而增加。该理论的提出者莫迪利亚尼认为，当货币当局实施宽松的货币政策时，较低的利率水平将会促进资产价格的迅速攀升，而对于持有资产的公众来说，意味着他们更加富有，从而影响居民的收入预期，进而提高短期的边际消费倾向，最终加大消费支出，提高市场的物价水平。

亚历山大·路迪维格和托斯顿·斯洛克（Alexander Ludwig and Torsten Slok，2001）等把股市对消费的影响文献归于两大类：一种观点认为资产价格对消费支出的影响来自资产价格的"领先指示器"作用。由于资产价格能反映未来产出增长，所以金融市场与消费是相关的。这其实是关于财富效应的信心渠道。另一种观点认为，资产价格波动能为投资者带来财富的增值，从而具有实际财富效应。这一观点其实是根据其影响的渠道与途径，把财富效应分为直接的财富效应与间接的财富效应两种。金融市场价格波动影响资产持有人的财富总量，进而影响其消费行为的效应，通常称为直接的财富效应。间接的财富效应是指资产价格波动通过对消费者信心、市场预期心理等因素产生作用而影响消费的效应。

财富效应主要强调的是资产价格变化对公众消费行为的影响作用。从本书的研究角度来看，这一理论也刚好反映出金融稳定因素对货币稳定状况的显著影响：当金融市场运转相对稳定时，经济参与者会逐渐积累对金融市场的信心，从而加大金融资产的持有比重，而此时货币政策通过间接地影响资产价格，能够较有效地影响经济参与者的消费行为，最终改变货币稳定状况；当金融市场出现极度不稳定情况时，经济参与者会适度降低自身风险分担水平，鉴于资产价格的剧烈波动而不敢将大部分财富以资产投资的方式持有，此时货币政策通过间接地影响资产价格来改变经济参与者消费行为的效果将会大大减弱，最终降低了财富效应的作用效果。总体来看，金融市场的稳健性直接决定了经济参与者对市场的信心，从而间接地决定了资产价格变化对货币稳定状况的影响效率。

三、金融加速器理论

金融稳定因素在货币政策传导过程中对货币稳定目标的影响作用更多地体现在企业的融资行为上。根据传统的企业投资理论，莫迪利亚尼—米勒定理认为在金融无摩擦环境下，企业净值的变化不会直接影响企业的最优投资决策。但 Bernanke 和 Gertler（1989）提出，由于存在信息不对称的情况，信贷市场上的借贷行为会产生代理成本，这就会改变企业的资产负债表构成，进而使企业净值发生变化，最终对企业的最优投资行为带来影响。当企业的投资行为发生改变时，将会更进一步地影响下一期产量的变化，最终对整个实体经济带来更大的波动，且这种波动与经济走势方向相同：当经济处于繁荣时期时，由于企业的净值随之增加，因此企业会提高产量，导致社会总产出进一步提高；当经济处于衰退时期时，由于企业的净值随之减少，企业也会相应降低产量，从而导致社会总产出进一步下降。企业产出的增加与减少，无形中对整个宏观经济的繁荣与衰退起到了加速推动作用，这一现象被称为加速器效应，且 Bernanke、Gertler 和 Gilchrist（1998）在之前研究成果的基础上提出了金融加速器的概念。所谓金融加速器效应，实际上指的是企业的外部融资成本与宏观经济形势之间存在显著的正相关关系（这种关系是一种非线性关系），而这种关系会导致无论是企业还是整体经济都会朝着相同趋势加速前进。当市场上流动性充足、经济环境繁荣向上时，企业的外部融资成本较低，此时企业更加倾向于加大融资、提高生产，从而使繁荣经济环境下的总产出进一步提高；当市场上流动性紧缺、经济陷入衰退时，企业的外部融资成本会迅速提高，企业在无法获得足够流动性支持的情况下，只能降低产量，从而使处于衰退进程中的宏观经济进一步下挫。此外，经济陷入衰退时的金融加速器效应将会比经济处于繁荣时期的效应更为显著。

Bernanke、Gertler 和 Gilchrist（1998）认为，由于信贷市场存在信息不对称问题，企业的外部融资成本必然要高于企业的内部融资成本。我们在这里将外部融资成本与内部融资成本之间的缺口称为外部融资溢价。一般情况下，外部融资溢价受两大因素影响：一是金融体系内商业银行信贷供给的充足情况，二是企业自身的资产负债情况（企业的净值）。在企业所需总资金一定的条件下，企业的外部融资成本与企业的净值之间存在显著的负相关关系。当经济出现负向冲击时，利率水平上升，企业净值也会相应减少，而企业融资的代理成本也会进一步提高，最终资金供给方会通过提高借贷资金利率水平而提高企业的外部融资成本。当企业外部融资成本提高后，企业在维持自身资产负债表稳定的情况下，减少本期自身的相关费用与支出，并减少下一期的产出水平，最终降低了社会总产值，引发经济衰退。因此，任何对宏观经济的负向冲击，都会通过金融加速器效应对企业的支出策略带来影响，最终对宏观经济造成更大波动。

金融加速器理论对宏观经济波动主要通过两大渠道产生作用：一是企业自身的固定资产价格与抵押资产价值的变化。当出现紧缩性货币政策时（这里往往强调的是未预期到的货币政策），资产价格随着利率的提高将会出现下降的情况，而企业在向银行融资过程中的抵押物价值也会下降，这就会提高企业的外部融资成本，进而降低企业下一期的投资支出，最终降低了企业净值。当企业净值减少时，又会进一步降低企业自身的资产估价，从而产生恶性循环。二是企业自身现金流的变化。我们同样假设出现紧缩性货币政策时，总体产出将会下降，而企业现金流也会减少，进而提高企业的外部融资需求。这种外部融资需求的提高将会增加企业的代理成本与外部融资溢价，从而最终降低企业下一期的投资和产出。

基于金融加速器理论，我们可以发现其中有一个十分关键的假设——金融无摩擦。这里的摩擦事实上强调的就是金融体系内不同经济变量或经济行为直接传导过程中的信息损失。当金融体系相对稳定时，金融摩擦情况较少，此时金融加速器的传导机制较为通顺，货币政策的变化也能够较为有效地影响产出与物价（取决于供给曲线斜率），并最终影响货币稳定；当金融体系的脆弱性凸显时，金融摩擦效应将迅速加大，此时金融加速器的传导机制受到不同程度的阻碍，货币政策的变化无法有效地作用于货币稳定目标，甚至在很大程度上会破坏本来相对稳定的价格水平。因此，在金融加速器理论中，金融体系是否稳定也直接决定了宏观经济环境中货币稳定的可持续性。

第二节　金融稳定与货币稳定
内在联系的文献与理论分析

文献整理发现，关于金融稳定与货币稳定之间的研究，从主要观点来看，主要分为金融稳定与货币稳定之间存在内在一致性和内在冲突性两大方面。

一、金融稳定与货币稳定之间的一致性观点

作为较早研究金融稳定与货币稳定之间关系的学者，Schwartz（1998）认为传统货币政策框架中的货币稳定目标对金融稳定有着十分显著的影响，当货币稳定目标实现时，市场提供了一个可以维持利率水平稳定并可预测的良好环境，这将有助于保持金融体系及金融机构的稳健性；当货币环境不稳定时，会出现预期紊乱的情况，这将无助于金融市场真实回报率的有效预期，从而导致金融市场出现不稳定。Bordo 和 Wheelock（1998）将 Schwartz（1998）所提出的论点称为 Schwartz 假设，并提出了这一假设成立的前提条件：一是由于通胀水平的不确定性，在预测通胀水平的波动时往往存在一定程度的误差；二是借贷双方无法完全对冲通胀的不确定性带来的风险。若是上述两个条件均能实现，则在通过货币政策工具实现货币稳定目标的同时，也能在很大程度上保证金融稳定目标的实现。Bordo 和 Wheelock（1998）通过深入研究英国、美国以及加拿大等国在 18 世纪末到 20 世纪 80 年代爆发的金融危机发现，在通胀迅速转变为通货紧缩的条件下，往往会出现金融体系不稳定，甚至爆发金融危机。这一实证说明了货币政策的实施在造成货币不稳定的同时，的确在某些程度上引发了金融不稳定，但其并没有充分说明实现货币稳定的货币政策一定能够实现金融稳定。Bordo 和 Jeanne（2002）将眼光放到了长期水平，他们在验证了金融不稳定能够在一定程度上影响短期的货币稳定水平的条件下，提出货币当局应当着眼于长期货币稳定目标，在短期内熨平金融波动的前提下，允许短暂的通胀水平波动，这样才会尽可能避免金融危机可能带来的巨大损失。Herrero 和 Rio（2003）利用多国爆发银行危机时的相关数据进行实证分析

发现，货币当局在不考虑其他条件的情况下，其制定并实施的货币稳定政策目标在一定程度上往往能够降低银行危机爆发的可能性，这也从侧面说明了传统的货币政策框架与金融稳定之间存在一致性。

二、金融稳定与货币稳定之间的冲突性观点

一些学者发现，按照传统货币政策框架来实施货币政策往往更容易造成金融不稳定情况的出现，因此他们认为传统货币政策框架与金融稳定之间存在冲突。Crockett（1996）提出，在低通胀水平环境下，市场环境将会促使名义利率与实际利率之间存在缺口。当这一缺口长期存在时，如果商业银行不能够迅速地作出资产与负债之间的有效转换，则会进一步扩大利率缺口，从而引发市场风险。Miskin（1993）强调，在防止通胀水平过高时，货币当局往往会采用高利率政策，但结果是吸引大量外资进入，进而提高整个市场的债务水平，最终引发金融体系的不稳定。Borio 和 Lowe（2002）从预期的角度考虑了二者之间的冲突关系：当市场上维持较为长期的货币稳定环境时，由于价格与工资的黏性特点，公众无法直观地观测到金融体系内部的不稳定因素，从而对经济前景产生乐观情绪，进而导致过度的投资增长，加大市场泡沫水平，而一旦这种泡沫破灭，必然会对整个经济造成极大的负面冲击。Schinasi（2003）指出，货币当局在面临维持货币稳定和金融稳定时往往存在矛盾，如果为了维持货币稳定（或通胀稳定）而提高利率水平，那么必然会使一些对于利率敏感度较高的金融机构引发系统性风险，而这时货币当局往往会稍微放松货币稳定条件，防止金融体系因利率水平的剧烈波动而爆发系统性危机。

三、金融稳定与货币稳定的关系研究

陆磊（2005）基于非均衡博弈框架的分析发现，金融机构在大多数情况下都具有对中央银行隐蔽信息的负面激励，这就使中央银行实施维持货币稳定的政策时往往受到金融稳定因素的制约。王自力（2005）基于一个简单的投资—通胀模型，揭示了货币稳定对金融稳定具有长期显著的促进作用，并得出货币稳定与金融稳定之间存在短期冲突性、长期一致性的结论。苗文龙（2007）将中国金融制度作为研究基础，并结合稳定和货币稳

定的相关理论，构建了政府、货币当局和金融机构等部门的最优行为决策函数，在此基础上将货币稳定、金融稳定与货币当局政策独立性作为先决条件纳入统一框架进行分析，结果发现中国的金融稳定与货币稳定之间存在冲突，而这种冲突是信息约束下金融机构对中央银行货币政策的倒逼机制导致的。黄佳和朱建武（2007）构造了一个四期二叉树模型，对金融稳定与货币稳定之间的关系进行了分析，发现货币当局如果实施维护货币稳定的政策目标，将无法同时兼顾金融稳定目标的实现。刘郁葱（2011）在Shin（2006）的研究基础上提出了一个用于分析货币政策对金融稳定影响的理论框架，发现由于具有自强化反馈机制和不对称性特征，货币政策在追求货币稳定目标的过程中，有可能导致金融失衡。

由上文可知，货币稳定与金融稳定之间在某些情况下呈现出一定的冲突性，而在某些时候又保持着高度的一致。下文主要借鉴王自力（2005）的投资—通胀模型，从短期和长期两个角度分别考虑二者之间的关联性，为后文进一步分析在传统的货币政策框架内考虑金融稳定因素提供理论基础。

1. 金融稳定与货币稳定之间的冲突性分析——基于短期视角

美联储在 2015 年下半年开始考虑量化宽松后的加息政策，主要原因是在它的货币政策框架下，货币政策的主要目标——就业与物价水平都已经达到了一个让公众恢复信心的临界点，且美国国内也开始出现许多要求加息的声音。从实际情况我们也能看出，美联储一味关注通胀与就业水平而持续加息已经对美国股票市场带来显著的负面影响，部分学者甚至认为这将是美国出现又一次金融危机的初步征兆。因此，即使是在中央银行理论与实践方面拥有如此丰富经验的美国，也在处理货币稳定与金融稳定矛盾时可能出现失误，足以让我们对二者之间存在的潜在冲突有所警觉。一般来说，金融稳定与货币稳定之间存在三大主要冲突。

（1）维护金融稳定的政策可能影响其他货币政策目标的实现。基于伯南克提出的金融加速器理论，如果金融体系出现不稳定运行的情况，将会导致金融市场流动性不足，从而致使金融支持实体经济发展的资金减少，进而降低了企业的净值。此外，在资产价格出现大幅波动时，企业用于向金融机构抵押的资产标的物价值也会出现剧烈波动，这也会使企业的外部融资成本进一步增加，导致企业不得不减少投资支出，最终降低产量，引发经济衰退。因此，当金融不稳定情况出现时，一方面，货币当局需要鉴别这种不稳定因素对实体经济的影响程度；另一方面，也需要及时为金融市场或特定金融机构提供紧急的流动性救助，即充当最后贷款人角色。在充当最后贷款人角色过程中，货币当局有必要通过两大渠道维持金融体系与实体经济的共同稳定，并且在政策实施过程中，力度应当相较不存在金融加速器效应时更大，以抵消金融加速器加速效应对实体经济带来的过度影响：一是直接向金融机构提供流动性，从而增加金融机构向企业的贷款供给；二是提高企业经由资本市场获取直接融资的机会，从而降低企业的直接融资成本。

然而，如果货币当局希望通过注入充足流动性来维持金融体系稳定运行，很有可能由于其无法抑制流动性向实体经济的过度外溢而引发通胀水平偏离原有目标。因此，货币当局如果想要通过货币政策来实现金融稳定，在一定程度上就有可能需要放弃以通胀稳定为核心的货币稳定目标。因此，货币当局在面临金融体系出现不稳定情况时是否应当提供充足流动性存在两难的选择。

（2）低通胀货币政策不利于金融稳定的维护。货币政策在维持货币稳定目标时往往倾向于维持一个较低而又稳定的通胀水平，这就使此时金融体系由于流动性短缺而产生的不稳定情况可能无法通过货币政策工具予以熨平。传统理论中常用的三大货币政策工具——存款准备金率、再贴现率和公开市场操作，其主要目的是维持以通胀水平稳定为核心的货币稳定目标，而三者的实施时机与方式在很多时候往往与维持金融稳定相矛盾。以经济出现过热、通胀水平较高的情况为例，首先，货币当局如果要通过调整存款准备金率与再贴现率来降低通胀水平，就会采取诸如提高存款准备金率和再贴现率等紧缩性货币政策，但由于货币政策工具的实施对金融机构的运行情况会造成直接影响，这样做会导致金融机构的流动性下降，严重时甚至出现流动性短缺的情况。如果此时积累了一定程度的负面情绪，就很有可能因流动性缩紧而出现挤兑的情况，最终会使金融机构遭受严重损失。其次，从公开市场操作工具来看，经济过热时中央银行的公开市场操作更倾向于维持一个较高的市场利率水平，这就导致一方面，金融机构想要获取更多流动性的成本越高；另一方面，企业原有的融资成本也会上升。此外，在经济过热时采取的紧缩性货币政策还会降低资产价格，不仅会恶化企业的资产负债表，也会对金融机构自身带来反馈效应，导致银行自身出现不良贷款的风险提高，更加不利于金融体系的稳定运行。因此，传统货币政策工具在维护低通胀水平过程中会增加金融体系的不稳定性，进而降低其抗风险能力，而一旦再次出现金融体系的负面冲击，将会进一步提高金融体系的系统性风险，甚至出现金融体系崩溃的可能性。

这里需要强调的是，尽管这种维持低通胀的货币政策有可能会引发金融不稳定，但并不能证明这些货币政策是导致金融不稳定的主要原因。金融不稳定事实上应当是前期过度信用扩张而忽视风险所带来的，因此诸如紧缩性货币政策等因素所导致的金融不稳定情况最多只能是引发金融体系运行不稳定的导火索。

（3）金融不稳定的根源在于过度信用扩张。上文提到，金融不稳定并非货币政策工具等外部因素所引发的，而是自身信用过度扩张而忽视风险积累所导致的。当市场预期与实际经济运行之间出现方向性偏离时，金融机构信用的过度扩张将会在预期引导的作用下忽视对系统性风险的管理与规避，从而导致金融机构潜在的抗风险能力急剧下降。此时一旦出现一个较为显著的、能够使公众预期发生反转的负面冲击，将会导致金融机构的系统性风险迅速暴露，从而出现金融危机。据国际货币基金组织统计，其成员国中有66%以上的国家出现过银行不良贷款所导致的金融问题，其中出现金融危机的国家占比高达58%。不良贷款的主要来源则是金融机构的信用过度扩张，因此可以认为它是导致金融体系出现不稳定情况的根本原因。

事实上，近年来国际金融市场上也多次出现信用过度投放导致金融危机的事件，其中最为著名的是1995年日本兵库银行破产事件以及2007年的美国次贷危机。这两次严重事件的背后都离不开两大因素的共同作用：房地产市场泡沫和货币当局突然收紧的货币政策。无论是1995年的日本还是2007年的美国，其金融体系出现重大不稳定情况的根源在于房地产市场的泡沫，由于公众对房价的过度乐观，金融机构也开始放松警惕，为获得更大利益而将更多的信贷资金投入房地产市场，促进了房地产市场的过度繁荣。当货币当局发觉房地产市场泡沫后，又迅速采取了公众未预期到的紧缩性货币政策以防止房地产泡沫转变成高通胀水平，导致房价迅速崩盘。二者之间的区别在于日本当时资产证券化水平不高，大部分房地产贷款滞留在银行，当房价崩盘时形成大量不良贷款，最终导致了兵库银行的破产；美国在2008年时资产证券化水平较高，由房地产形成的大量次级抵押贷款通过特殊目的载体（SPV）进行资产打包，在资本市场上流通，因此，在受到房地产市场影响时，系统性风险最初的爆发点在投资银行。不过，无论金融危机的爆发出自哪个金融机构或部门，其本质都是过度的信贷投放所导致的。

因此，在信用过度扩张的情况下，金融体系内部的系统性风险不断积累，尽管从外部来看似乎并没有大家想象的那么严重，但随着时间的推移，必然会使系统性风险达到无法隐藏的地步，此时当存在一个负向的外部冲击时（有时这一冲击可能十分轻微），都会对摇摇欲坠的金融体系造成致命打击。

2. 金融稳定与货币稳定之间的一致性分析——基于长期视角

从短期来看，金融稳定与货币稳定之间存在一定程度的矛盾性，表现在货币政策在实现货币稳定目标过程中，政策工具所带来的外部性很容易带来金融体系内部的不稳定，从而提升金融脆弱性。但从长期来看，如果宏观经济系统下货币稳定目标无法实现，最终也会由于信用的过度扩张而造成金融不稳定情况的出现，此时金融稳定与货币稳定表现出长期的一致性。

为更加明确地表述金融稳定与货币稳定的长期一致性，本书通过一个简单的投资—通胀模型来进一步阐述这一原理：从货币稳定角度出发，首先考虑通胀预期对企业投资决策的影响。由于稳定的通胀预期不仅可以降低企业投资所需的借贷资金成本，同时也可能因为在不完全信息条件下企业发现自己产品价格的上升会带来利润的提高，此时企业将会更加倾向于提高自身投资需求，即

$$DI_t = DI(\pi_{t+1}^e) \tag{2.1}$$

其中，I 表示投资增长率，且满足 $\partial DI/\partial\pi^e > 0$。

从企业投资角度来看，如果企业提高总投资水平，也会形成额外的投资品需求（假设其他条件不变），在供不应求的经济环境下，必然带来通胀水平的上升，即

$$\pi_t = \pi(DI_t) \tag{2.2}$$

其中，$\partial\pi/\partial DI > 0$。

在连接实际通胀水平与预期通胀水平时，我们用适应性预期假设来使二者产生联系，此时的经济参与者都是通过过去的有用信息来形成对未来通胀水平的预期，即

$$\pi_{t+1}^e = E(\pi_t \mid \Omega_t) + \varepsilon_t \tag{2.3}$$

其中，ε_t 为白噪声。为方便计算，我们简化为 $\pi_{t+1}^e = \pi_t$，即用上一期的通胀水平来表示对下一期通胀水平的预期。基于上述假设，可以在 DI-π 的二维平面上作出投资与通胀的关系曲线，如图 2.1 和图 2.2 所示。

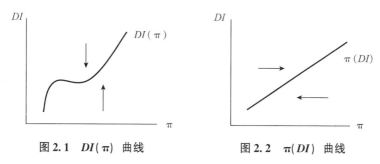

图 2.1 $DI(\pi)$ 曲线   图 2.2 $\pi(DI)$ 曲线

图 2.2 中，$\pi(DI)$ 线为一条从左向右朝上倾斜的直线，而并非一条曲线，主要原因是投资增长率对通胀水平的影响主要是由简单的投资需求增加导致价格上升决定，因此我们认为二者斜率相对稳定；而图 2.2 中的箭头表示当投资量高于相对应的通胀水平时，由于投资需求上升，通胀水平有进一步提高的趋势，因而向 $\pi(DI)$ 线靠近，反之则相反。图 2.1 中，$DI(\pi)$ 为曲线，主要原因是在存在预期影响的条件下，经济参与者在不同的通胀水平范围内会有不同的预期：在可预期到的正常范围内，投资与通胀之间的关系相对平稳；当通胀水平超过自我预期水平后，企业会倾向于产生更多的投资需求，而当通胀水平低于自我预期水平时，企业的投资需求又会大幅降低。因此，图 2.1 中，由于投资需求水平高于相应的通胀水平，投资需求会下降，因而 $DI(\pi)$ 线上方的所有点均向下移动；由于投资需求水平低于相应的通胀水平，投资需求会上升，则 $DI(\pi)$ 线下方所有的点均会向上朝着 $DI(\pi)$ 线移动。

将两条线放入同一坐标区间进行考察，可以找到一个稳定的均衡水平。如图 2.3 所示，两条曲线相交于 A、B、E 三点上，说明三点均为均衡点。但在 A 点与 B 点上，两点之外的其他点存在受力不均的情况，反映在 A 点上就会出现投资无限紧缩，反映在 B 点上就会出现投资无限膨胀，只有 E 点的受力是均衡的，因此可以判断图 2.3 中只存在 E 点一个稳态均衡点。

我们进一步考察货币政策冲击对均衡情况的影响。假设出现一个暂时性的货币政策正向冲击（冲击幅度不大），此时投资者并不会因这一暂时的冲击而调整预期，这就使 π 线直接下移至 π' 线，从而形成新的均衡点 A'、B' 和 E'。这时新的均衡水平主要通过两个方面形成：一是处于 A 点左边的点开始向新的稳态均衡点 E' 点移动,二是处于 B 点右边、B' 点左边的点由原来向原均衡点 E 点移动转变成向右移动。同样地,一个暂时性的货币政策负向冲击会形成与上述情况相反的结果。因此,对于政策制定者而言,必须准确判断出经济系统原来所处的位置(A、B 还是 E),否则货币政策的改变很有可能使系统由稳态向非稳态方向发展,最终形成不可逆的负面影响。

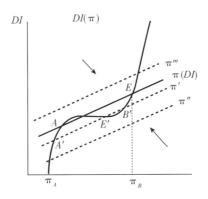

图 2.3　暂时性的货币冲击

下文考察永久性货币政策冲击对系统稳态的影响(见图 2.4)。假设存在一个正向的永久性货币政策冲击,公众的预期会发生变化,因此表现为两个方面:一是如图 2.3 所示,π 线右移至 π′;二是 DI 线上移至 DI',DI 线移动的主要原因在于公众预期的改变,会在货币政策冲击影响下自发地调高通胀预期水平。两条曲线移动后的最终形态与图 2.3 差别不大,主要差异在于货币政策的冲击效果更为显著,因而原来更多的非均衡点在冲击下可能朝非均衡水平进一步偏离,从而使偏向稳态水平的均衡点集合更小。

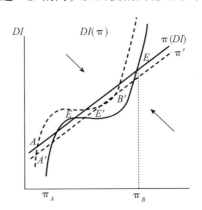

图 2.4　永久性的货币冲击

通过上述分析可以发现，持续的通胀与投资推动作用是引发金融不稳定的重要因素之一，而货币政策冲击只是作为一个外部冲击对金融体系的稳定性造成表面的影响，金融体系稳定与否的根源仍然在于信用投放规模是否过度。当金融市场出现泡沫（不稳定情况出现），而公众预期并未改变时，逆向的货币冲击将会迅速打压金融市场的虚假繁荣，在前期信用投放过度的基础上出现抵押资产迅速贬值、金融机构流动性不足等问题，最终很有可能引发挤兑而导致机构破产。无论是 20 世纪末的日本房地产泡沫事件还是 21 世纪初美国的次贷危机，都说明了这一问题。因此，从长期来看，如果没有一个稳定的货币环境，在公众预期出现剧烈波动的情况下必然会导致金融体系出现不稳定，最终对整个经济系统造成不可逆的负面打击。

第三节　金融稳定目标与货币政策间的关联分析

一、货币政策是否应当关注金融稳定目标

从货币当局的职能角度来看，《中华人民共和国中国人民银行法》明确规定了我国中央银行具有"制定和执行货币政策"与"维护金融稳定"两大职能，而其中货币政策目标主要是保持币值稳定，并以此促进经济增长。因此，货币当局在制定货币政策时是否应当考虑金融稳定就成为当前学术界存在困惑并经常讨论的热点问题。次贷危机爆发之前，国际上就存在一些关于货币当局是否应当在实现货币稳定目标的同时关注金融稳定的声音，且这一焦点问题在前一节中已经进行了系统梳理。次贷危机后，许多经济学家开始承认在现实经济金融环境下，价格稳定只能作为金融稳定的必要非充分条件，而不能当作充要条件予以考虑（Goodhart，2004；Mishkin，2009；Blanchard et al.，2010）。马勇（2013）强调，如果货币当局仍将注意力放在维持稳定的货币环境上，就会在无形之中使金融体系脱离其稳态水平，最终造成金融失衡。因此，他认为货币政策应当对潜在的金融失衡作出相应的反应，在强调"事前预防"的基础上更多地关注金融体系的运转情况。

Catte 等（2011）通过对各国中央银行的货币政策执行报告整理发现，在各国中央银行的实际政策执行过程中，包括美联储、欧洲中央银行、英格兰银行和日本银行等在内的货币当局都在战略原则上允许将金融稳定作为重要因素予以关注。加拿大银行（Bank of Canada，2011）在发现本国金融失衡已经开始影响国内产出和通胀水平的基础上，在制定货币政策时已经将金融稳定作为重要因素予以考虑。周小川（2013）也指出，无论是在制定货币政策还是实施宏观调控过程中，都应当坚定地维护金融稳定，为经济社会发展创造良好的金融环境，促进国民经济又好又快地发展。

现阶段，关于货币政策与金融稳定之间关系的研究主要有两大理论观点，它们分别是权衡观点和协同观点。其中，提出权衡观点的主要代表学者包括 Fisher（1933）和 Mishkin（2000），他们强调价格稳定与金融稳定之间存在权衡关系，即实现货币稳定的货币政策有可能不利于金融体系的稳定。Borio 和 White（2004）在前人的研究基础上指出，收紧的货币政策对调整通胀水平具有显著作用，但也很有可能对信贷规模产生抑制作用，从而使信贷市场出现失衡情况，这将不利于金融体系的稳定运行。Angeloni 和 Faia（2013）通过研究商业银行资产负债表，发现商业银行自身出于盈利目的，往往会存在潜在的经营风险，如果货币当局只关注通胀水平与产出水平而不注意资产价格与杠杆水平变化，则会加剧金融体系不稳定因素的外溢。Caruana（2011）通过比较金融周期与经济周期的单位周期时间发现，只有当二者在相同时间均处于相同波动区间时，货币政策的调控才能同时实现货币稳定与金融稳定，而当波动区间不同时，货币政策在维持货币稳定目标时往往无法兼顾金融稳定目标。

针对权衡观点，许多学者根据自身的研究成果提出了不同的见解，其中一部分学者认为金融稳定与货币稳定之间存在高度耦合，即实现货币稳定的货币政策在大多数情况下都能维持金融体系稳定运行，因此二者之间更多的时候存在协同关系，这些学者的思路被称为协同观点。Issing（2003）一书认为，宏观经济出现高通胀水平往往都是货币供给过多导致的，而货币供给过多也会引发金融体系的流动性过剩，从而出现资本市场泡沫，而这些都是形成金融体系不稳定的重要因素。Borio 和 Lowe（2002）通过构建一个一般均衡模型分析发现，通胀变化与金融体系稳健性具有高度相关关系，而当金融体系稳健性较高时，相对稳定的资产价格与信贷规模在很大程度上有助于产出缺口与通胀水平的长期稳定，这主要是由相对稳定的公众预期所引致的。Herrero 和 Pedro（2003）利用十多个国家的宏观经济数据构建面板模型，对货币政策选择与商业银行危机之间的关联性进行实证分析，最终证明了货币当局在为维护货币稳定而采取紧缩性货币政策时，往往也降低了银行出现危机的可能性。

二、货币政策与宏观审慎政策关系的文献梳理

由于金融稳定与货币稳定之间存在显著的内在关联性，许多学者认为货币当局在维护货币稳定的同时，也应当将金融稳定作为宏观调控框架中的重要内容予以关注。然而，在如何调控金融稳定方面，当前的研究出现了明显的分歧，主要包括两种观点：一是将二者都作为货币政策框架中的重要目标予以盯住；二是基于丁伯根法则约束，货币当局应当构建一个盯住货币稳定目标的货币政策框架和一个盯住金融稳定目标的宏观审慎框架，在强调货币政策框架与宏观审慎框架协调的基础上，实现金融稳定与货币稳定的协调关系。从现阶段的文献整理情况来看，显然支持后者观点的学者居多，因此这一节重点整理和分析货币政策与宏观审慎政策之间关系的相关文献。

（一）货币政策促进审慎政策目标的实现

次贷危机爆发前，许多学者（Bernanke & Gertler，2001；Goodfriend，2002；Giavazzi & Mishkin，2006）通过对多国货币当局货币政策内容的研究发现，在货币政策时滞等因素的影响下，大部分中央银行从制定到执行货币政策的时间跨度大约为两年，而从内容上来看，这些中央银行更加注重对通胀水平的监测与调控，而对维持金融稳定方面的内容提及相对较少。部分学者（Kent & Lowe，1997；Borio & White，2004；Filardo，2004）通过实证发现，尽管这些中央银行并没有将金融稳定纳入货币政策的目标体系，但有时候（如紧缩性货币政策）也在一定程度上抑制了金融脆弱性的膨胀，因此货币政策执行的外部效应有时也会影响金融体系运行的稳定性。随着次贷危机的爆发，有关货币政策是否应当关注金融稳定的争议开始出现。Angeloni 和 Faia（2013）在深入分析商业银行经营风险的基础上，得出了货币政策的实施在很大程度上能够兼顾对通胀、产出缺口、杠杆以及资产价格泡沫等涉及宏观经济变量与金融稳定变量同时进行调控的结论。

Borio 和 Drehmann（2009a）更是直接指出，货币当局如果仅依靠宏观审慎框架来维持金融稳定，无形之中会进一步加重宏观审慎政策的实施成本，不利于维持宏观经济稳定运行，而货币政策在这中间能够通过溢出效应消除金融不平衡，因此应当加强货币政策与宏观审慎政策之间的协作，共同应对金融系统内部存在的不稳定因素。

具体来看，货币政策对金融体系的系统性风险影响主要通过两个渠道：一是资产价格渠道。Loisely 等（2009）通过构建理论模型发现利率与资产价格之间存在持续的相互影响关系。尽管很多情况下并没有实质的证据证明利率的下降并不会使资产价格过度膨胀从而形成资产价格泡沫，但如果资产价格泡沫的主要构成为负债融资，那么一旦对前期缓慢的资产价格上升置之不理，必然会引发资产价格的持续膨胀，最终导致系统性风险的积累。二是杠杆渠道。Tobias Adrian 和 Hyun Song Shin（2009）认为如果货币环境相对宽松，那么金融系统内部的杠杆积累深度与广度都会迅速提升，而金融机构出现过度风险承担的可能性也会大大提高。Borio 和 Zhu（2008）指出，在宽松的货币政策环境下，利率的不断下调，会导致经济参与者（无论是金融机构还是个人投资者）的利率下调预期进一步深化，因此商业银行会为了获取更大利益而愿意主动承担更多风险，最终导致金融机构的系统性风险集聚程度加深。

（二）宏观审慎政策促进货币政策目标的实现

事实上，无论是资产价格渠道还是杠杆渠道，货币政策与宏观审慎政策之间都存在必然的相互联系，主要表现在二者应对宏观经济和金融体系的系统性风险控制和金融不平衡的消除两个方面。Kannan 等（2009）通过构建一个含有金融部门的动态随机一般均衡模型，发现货币当局如果通过使用宏观审慎政策工具以达到熨平信贷周期目标，那么这一工具的溢出效应在一定程度上还能够为维持稳定产出缺口作出贡献。在货币政策应对资产价格泡沫方面，他通过 DSGE 模型分析发现，在技术冲击下，货币政策应对信贷投放速度过快和资产价格上涨速度过快的效果更加突出。N'Diaye（2009）在分析银行资本相关数据时，证明了货币当局在实施逆周期资本缓冲的宏观审慎政策工具时，要想实现产出缺口与通胀的目标，所需调整的利率幅度更小，因此宏观审慎政策的实施可能会降低货币政策的实施成本。Cette 等（2010）认为，如果美联储在 2003—2006 年通过使用宏观审慎工具来影响房地产抵押贷款利差，那么这段时间内的房地产价格就不会出现如此大幅度的飙升，不仅能够熨平经济波动，甚至有可能避免次贷危机的爆发。Gertler 和 Karadi（2009）与 Bean 等（2010）在其论文中也讨论了货币政策与宏观审慎政策之间的促进关系，认为宏观审慎政策工具的实施在一定程度上能够有效减缓宏观经济出现的大幅波动，不仅有助于金融体系的稳健运行，同时也能够更好地配合货币政策工具的实施，为货币政策目标的实现作出贡献。但他们在理论模型构建过程中，都将宏观审慎政策理解成对商业银行资产负债表的某种直接冲击影响（包括影响商业银行资本规模与结构、对商业银行进行简单的征税或补贴等）。这种对宏观审慎工具的定义与货币当局在实施宏观审慎政策时的实际情况存在差距。此外，目前大部分文献的研究从定性的角度讨论货币政策与宏观审慎政策之间是否需要合作，并没有从定量的角度深入考察在何种环境、何种程度下，货币政策与宏观审慎政策之间需要合作，且合作方式应当怎样，而合作过程中哪一方为主导、主导力度有多大等问题均没有一个完善的答案，这些问题也正是下一步学术界需要重点研究和讨论的问题。

（三）宏观审慎政策与货币政策实施中的潜在冲突

尽管许多学者和经济学家认为货币政策与宏观审慎政策之间更多地应当是相互配合、相互促进的关系，但两种工具之间的独立性，必然使二者之间存在一定的互斥因素，因此潜在冲突不可避免。Kannan、Rabanal 和 Scott（2009）提出，货币当局如果开始使用宏观审慎工具，只会使货币政策所面临的环境更为复杂。宏观审慎政策的制定与实施需要熨平金融运行周期（包括信贷周期等），这就导致在货币政策与宏观审慎政策协调实施的背景下，政策制定者必须能够准确地判断出当前的宏观经济周期和金融运行周期，甚至需要掌握货币政策的实施在多大程度上会影响宏观审慎政策的实施，而需要准确掌握这些问题是十分困难的。Bailliu、Meh 和 Zhang（2012）通过实证结果发现，当宏观审慎政策实现了熨平信贷周期的目标时，也会在一定程度上降低货币当局通过利率工具调控总需求水平的效力。有些时候，货币当局需要降低利率来刺激资产价格的上涨，从而提高总需求，但在宏观审慎政策的影响下，资产价格的快速上涨又会被迅速抵消掉，这就使货币政策效率大大降低，严重时甚至可能切断货币政策的利率传导渠道。这一问题在 20 世纪 80 年代末美国出现储蓄与贷款协会（S & L）破产潮后，监管当局收紧相关信贷政策、制约经济复苏过程中有着较为明显的体现。从实践情况来看，由于无法通过明确的界限将货币政策与宏观审慎政策划分开，许多学者认为货币当局应当谨慎地采用宏观审慎工具，以防削弱货币政策效果。

三、总结与展望

通过对大量文献的梳理，我们可以得出三点重要结论。

第一，从经典的货币政策理论来看，它们都隐含着金融稳定是实现货币稳定的充分条件这一观点。货币政策的本质就是要维护宏观经济的货币稳定环境，而从国外发达经济体的货币政策发展经验来看，绝大多数国家的中央银行都将货币稳定作为货币政策的重要目标，甚至是唯一目标，因此大部分货币政策理论都强调货币政策对货币稳定目标的作用机理。在这些基本的理论假设中，无论是流动性偏好理论、财富效应理论还是金融加速器理论，都强调了金融因素在货币政策传导过程中起到的关键作用。换句话说，金融体系的稳健性在很大程度上决定了货币政策的传导效率，从而影响政策对货币稳定目标的有效性。

第二，在研究金融稳定与货币稳定内在关联的文献方面，主要存在二者之间具有一致性与冲突性的两派观点。持一致性观点的一方认为，金融稳定通过减少金融资源在市场上配置的无效率情况能够反映到宏观经济层面，为维持货币稳定提供强有力的保障，同时实施盯住货币稳定目标的货币政策也能够在大多数情况下避免出现银行危机；持冲突性观点的一方强调，持续的货币稳定环境将会使公众预期发生过度乐观的转变，从而加大自身的投机行为，最终会引发金融市场的系统性风险，而当风险扩散至整个宏观经济时，最终也会对货币稳定带来显著的负面冲击。

第三，对于如何同时实现货币稳定目标与金融稳定目标这一问题，大部分学者认为，基于丁伯根法则，应当构建一个能够维持金融稳定的宏观审慎框架，与货币政策框架协调作用。因此，许多文献在研究金融稳定与货币稳定的协调问题时，最终落脚到盯住货币稳定的货币政策与盯住金融稳定的宏观审慎政策之间的协调问题上来。

但从现阶段的国际经济金融形势变化来看，特别是在中国当前"三期叠加"的新常态经济环境作用下，现有的问题研究在一定程度上已经无法满足货币当局对货币政策框架改革的重大需求，主要体现在：首先，在当前多变的经济形势下，宏观审慎政策框架无法在短期内得到很好的完善，这就导致关于金融体系稳健性问题的解决办法并不多，这就要求货币政策在实施过程中必须在一定程度上兼顾金融稳定情况的变化。其次，从对金融稳定的理论刻画方面来看，大部分文献讨论的只是金融稳定因素中的一个部分（如资产价格、外部融资成本、杠杆率等），这就导致货币当局在制定兼顾维持金融稳定的货币政策时，可能不得不关注过多数据指标，这不仅加大了政策制定的难度，也提高了货币政策的实施成本。最后，从货币政策的实践操作层面来看，已有文献更多地考虑从定性角度判断金融稳定与货币稳定之间的内在关联逻辑，这对货币当局制定货币政策能够提供很好的理论支持，但在提供可操作的具体策略方面讨论较少。因此，本书在后面的研究中重点从这三个方面进行深入探析，以求得相应答案。

第三章　金融稳定的衡量及其在
货币政策传导中的作用分析

由于金融稳定与货币稳定在特定情况下具有冲突性，而金融不稳定情况的出现从长期来看也十分不利于货币稳定目标的实现，因此本章的讨论围绕两大问题展开：一是金融稳定因素在货币政策效果传导至实体经济的过程中起到了怎样的作用，二是金融稳定因素在已有的货币政策框架下是否应当作为目标予以盯住。基于上述两个问题，本章在前文对金融稳定的内涵进行界定的基础上，构建了一个能够有效刻画中国金融体系稳健状况的金融稳定指数，考察包含金融稳定因素的货币政策实施效率，以此来对上述两个问题进行解答。

第一节　金融稳定的相关理论基础

一、金融不稳定假说

金融不稳定假说（Financial Instability Hypothesis）实际上强调的是金融体系的不稳定将会导致实体经济的萧条。当以信用创造为核心的金融机构由于自身状况出现经营困难甚至倒闭风险时，一方面会将这种负面的情绪传播至实体经济，同时金融机构也会对企业减少贷款，加大企业自身的经营难度，最终必然会使整个经济系统的产出与就业持续下降，严重时还会出现经济衰退甚至金融危机。这一假说由明斯基（Minsky，1977）提出。明斯基以微观金融主体为基础，通过分析以信用创造为核心功能的金融机构与融资方之间的不稳定关系，认为金融不稳定正是在这种关系扭曲逐渐积累的过程中形成的。他认为现实经济活动主要包含三大融资行为——保值性融资、投机性融资与庞氏融资，且这三种融资行为的风险偏好是逐步上升的。然而，在经济发生周期性变化时，这三大融资行为会出现大范围的转移，即保值性融资向投机性融资转移、投机性融资向庞氏融资转移。这种转移将会刺激获利部门进一步降低融资门槛、增加融资规模从而忽视其中的风险，并促使资产价格迅速提高。当资产价格泡沫积累到一定的上限后，经济参与者们会逐步加大对市场风险的担忧，而这一时期任何一个金融系统的负面冲击都会使信用创造部门迅速减缓甚至停止投放资金，进一步造成金融资产价格下跌，最终导致整个金融市场的崩溃和瘫痪。在经历过一个周期后，经济参与者还会出现"代际遗忘"的特性，这就使他们所经受的金融不稳定"阵痛"，又会被新生的获利机会和乐观的预期掩盖，从而引致一个新的金融不稳定生成过程。

二、金融稳定的货币学派理论

在整个金融体系的运转过程中，货币因素是维持金融稳定的一个重要变量。以弗里德曼和施瓦茨（Friedman & Schwartz, 1963）为代表的货币学派认为，在稳定的货币需求条件下，市场上流通的货币数量不仅决定了物价水平与产出水平，其存量的剧烈增长与波动也会在金融危机的形成过程中起到决定性作用。《美国和英国的货币趋势》（1982）一书认为，美国在1867—1960 年发生的六次金融动荡以及经济衰退都与市场上流通货币总量剧烈波动有关。Brulmer 和 Meltzer 在弗里德曼等的研究基础上，提出了含有货币因素的银行业危机理论，他们发现当货币当局因对市场上流通货币总量控制不当而形成紧缩货币环境时，商业银行会基于保持充足储备货币的意愿而更偏向于出售资产，使市场的资产价格下降，从而提高利率水平。利率水平的上升又会削弱商业银行的偿债能力，使储蓄者信心减弱，进一步引起商业银行的流动性危机，最终迫使大批商业银行倒闭，引发整个金融系统的危机。

三、银行挤兑理论

所谓银行挤兑，实际上指的是大量储蓄者在同一时间和同一银行要求提取存款，造成商业银行流动性与偿债能力不足的现象。尽管这一现象很早就出现了，但 Diamond 和 Dybvig（1983）首先将这一现象转变成为理论模型的形式进行深入研究与讨论。Diamond 和 Dybvig 通过运用信息不对称和博弈理论，深刻解析了商业银行发生挤兑现象的原因与后果，并提出了D-D模型。该模型提出银行挤兑发生的根源在于银行的流动性资产与流动性负债不匹配，导致储蓄者对银行流动性要求的不确定性提高，这种负面情绪的迅速积累最终使储蓄者对银行的信心崩塌，形成挤兑效应。在某一银行出现挤兑情况时，整个银行业——即使是健康的银行——都会受到牵连，产生银行危机。

此后，许多学者在D-D模型的基础上对其进行进一步的改进与完善。Jacklin（1988）基于D-D模型进一步考虑了收益的不确定性对银行挤兑的影响，发现经济运行过程中的一系列相关指标变化引起的系统性事件是引发银行挤兑的重要因素。Dowd（1992）在Jacklin的基础上发现，如果银行自身资本充足，那么任何系统性事件的发生都不会使公众产生挤兑的想法，从而不会出现挤兑的情况。Chari和Jagannathan（1988）在D-D模型中加入了异质性因素，即不同的储蓄者群体由于自身禀赋不同，将会获得不同程度的信息，而拥有信息少的人更倾向于跟随拥有信息多的人，以此来减少损失。这样就会使银行挤兑成为个别存款人相对理性的行为由于类似"羊群效应"的影响而产生的一种非理性结果。Gorton（1985，1988）和Park（1992）认为在信息不对称条件下，储蓄者依据随机投资行为带来的结果可能比具备完全信息条件下的行为决策更糟糕，因此银行系统的稳定性应当是一个可以由银行自身控制的外生变量。

四、基于逆向选择的金融稳定理论

从实际情况来看，金融系统出现不稳定情况的一个重要因素在于信息不对称，而正是信息不对称，导致金融活动过程中很容易出现逆向选择问题。Stiglitz和Weiss（1981）最先通过逆向选择来解释金融系统不稳定的产生过程。在信息不对称条件下，一方面，金融体系内的一些高风险项目所有者为了获得充足的资金而愿意支付更高的利息，但这些高风险项目在投资者看来与其他风险相对较低的项目没有太大区别；另一方面，金融机构自身在面对奖励与处罚不对称（奖励获得的收益比处罚遭受的损失更多）时，也更愿意选择高风险、高回报的项目。在无法确定项目风险大小时，由于贷款总额的削减，高利率条件下贷款供给减少，利率上升同时也会引发借款市场的萎缩。二者共同作用，将会降低企业与家庭的债务偿付能力，进一步对金融机构造成负面影响，最终引发金融系统的不稳定。

第二节　金融稳定指数的构建

一般来说，在分析某一经济学问题时，我们习惯于运用一个或多个数据指标来对这些问题进行客观描述，因为只有能够被客观指标替代说明的研究对象才能在理论与实证分析过程中更有说服力。例如，在分析经济增长问题时，我们习惯于用 GDP、GNP 等数据来代表一个国家的产出水平；在分析通胀问题时，我们通常用 CPI、PPI 等价格指标来分析通胀水平的高低。然而，对于一些相对复杂的研究对象，仅用一两个指标来进行刻画，总是只能反映出这一问题的某一个方面，无法全方位展示这个问题的所有特征。在这种情况下，综合指数的构建，即通过某种计算方法将多个基础型指标合成一个包含这些基础性指标所有特征的综合指数，就能够很好地解决单一指标存在的弊端。本章所研究的金融稳定问题，无论是从定义还是现实经验来看，都找不到一个能够全面描述它的单一指标，因此本节考虑构建一个能够全面刻画金融稳定的综合性指数——金融稳定指数，一方面用来对中国的金融稳定状况进行合理客观的评价，另一方面为后文将金融稳定目标纳入货币政策框架提供可操作依据。

一、衡量金融稳定的基础性指标选取

在对金融稳定指标进行量化的过程中，国际货币基金组织（IMF）从 1999 年就开始尝试利用多个基础性指标来构建一个能够全面刻画金融体系稳定性的指标体系。经过多年的试验与应用，IMF 于 2004 年正式出版了《金融稳健指标编制指南》，为世界各国中央银行提供了一套有效的金融稳健性指标编制方法。《金融稳健指标编制指南》的第一部分在概念框架上对金融体系进行了定义和概述，并介绍了金融稳健指标中的会计原则以及基础指标的合并方法；第二部分重点对各金融稳健性指标（包括银行类金融机构、非银行类金融机构、金融市场以及房地产价格指数）进行了详细说明；第三部分主要说明金融稳定指数的编制方法以及在编制过程中遇到的常见问题解决办法；第四部分在已编制好的指数的基础上，对其进行分析与应用指导。该指南还将一系列基础性指标分为核心类指标与鼓励类指标，具体情况如表3.1所示。

表3.1 金融稳健指标：核心类指标和鼓励类指标

核心类指标	
存款吸收机构	
资本充足率	监管资本/风险加权资产
	监管一级资本/风险加权资产
	不良贷款减去准备金/资本
资产质量	不良贷款/全部贷款总额
	部门贷款/全部贷款
收益和利润	资产回报率
	股本回报率
	利差收入/总收入
	非利息支出/总收入
流动性	流动性资产/总资产（流动性资产比率）
	流动性资产/短期负债
对市场风险的敏感性	外汇净敞口头寸/资本
鼓励类指标	
存款吸收机构	大额风险暴露/资本
	按地区分布的贷款/全部贷款
	金融衍生工具中的总资产头寸/资本
	金融衍生工具中的总负债头寸/资本
	交易收入/总收入
	人员支出/非利息支出
	参考贷款利率与存款利率之差
	最高与最低同业拆借利率之差
	客户存款/全部（非同业拆借）贷款
	外汇计值贷款/总贷款
	外币计值负债/总负债
	股本净敞口头寸/资本

续表

鼓励类指标	
其他金融公司	资产/金融体系总资产
	资产/GDP
非金融公司部门	总负债/股本
	股本回报率
	收益/利息和本金支出
	外汇风险暴露净额/股本
	破产保护的申请数量
住户	住户债务/GDP
	住户未还本付息支出/收入
市场流动性	证券市场的平均价差
	证券市场平均日换手率
房地产市场	房地产价格
	住房房地产贷款/总贷款
	商业房地产贷款/总贷款

资料来源：IMF 2004 年发布的《金融稳健指标编制指南》。

从表 3.1 中可以看出，金融机构的资本充足率、资产质量、流动性以及对市场风险的敏感性是金融稳定指数的核心指标，而金融市场的流动性、资产价格以及其他风险指标作为核心指标的有效补充，在金融稳定指数中也占据了十分重要的地位。在这一指南的基础上，许多学者（Illing & Liu，2003；Adam，2007；Miguel，2010）也构建了符合他们各自研究对象特征的金融稳健性指数，其他学者则利用前人所提供的方法与指标选取依据，或直接引用他们构建的指标展开进一步的实证研究。但总的来说，IMF《金融稳健指标编制指南》所编制的金融稳定指数至今仍然是全球范围内具有较高权威的代表性指数。

党的十一届三中全会以来，中国长时间坚持走市场化改革道路，且在进入 21 世纪后实现了显著的突破，无论是有管理的浮动汇率制度的实施，还是利率市场化的逐步推进，都显示出中国金融体系的市场化进程进入了最后的攻坚阶段。然而，即使我国市场化程度得到了进一步的提升，与发达国家相比也存在一定的差距，特别是在金融体系稳定情况的判断上，不能将国际上的评判标准生搬硬套，应当更多地考虑自身的实际国情。如果我们直接应用《金融稳健指标编制指南》中的方法与指标选取，很可能会出现两方面问题：一是我国的会计准则与数据统计口径与发达国家存在差异，这样统计出来的金融稳健指标无法有效反映我国金融稳定的实际情况；二是一些关键性指标的数据在中国的获得难度较大，容易形成指标缺失，对整个金融稳健指标的解释欠缺说服力。因此，我国要想构建一个能够从本质上体现金融市场稳定程度的指标体系，就必须根据自己的实际情况，利用能够充分反映中国金融稳定状况的基础性指标来构建金融稳健指数，实现对中国金融稳定状况进行有效和真实评价的目标。

由于金融稳定的本质具有显著的复杂性，目前国际上对这一概念的定义仍未达成一致，而本书的第一章通过对金融稳定概念界定的整理，从基础指标的可获得性出发，结合中国金融体系的运转特点，认为中国的金融稳定应当包括以下三个方面的内涵：首先，金融资产价格是否保持稳定波动状态。只有金融资产价格不发生剧烈变化，才能使金融活动的参与者们保持稳定预期，最终保证整个金融系统的稳定。其次，金融机构运行是否稳定。这一点体现在金融机构能否将自身的金融风险纳入可控范围，如果因为自身问题导致了流动性风险之类的问题（如银行挤兑等），都会对金融市场的运行带来极大的负面影响。最后，金融市场波动对实体经济是否带来显著负面冲击。换句话说，即金融市场风险能否进行自我消化，这也是判断金融体系是否稳定的重要依据。

基于上文对金融稳定的阐述与分析，本书所构建的金融稳定指数主要包括以下三大内容：金融机构运行稳定、金融市场运转稳定和金融体系抗风险能力。本书从这三个方面入手，全面构建中国金融稳定指数。

金融机构运行稳定方面，我们主要依据原中国银行业监督管理委员会对商业银行评级打分中的评级要素及其权重分配来选取代表性指标。对金融机构而言，资产质量应该是稳定运行的根本保证，而其中不良贷款率则体现了金融机构内部是否存在坏账问题。无论是 IMF（2004）、欧洲中央银行（2006），还是一些学者（Adam，2007；Miguel，2010），其在构建金融稳定指数时，都认为不良贷款率是体现金融机构破产风险的重要指标，因此它能够体现出金融机构运行的稳定性。此外，基于我国金融体系的特殊性，中央银行常常倾向于通过窗口指导、政策鼓励等方式，要求商业银行对特定的产业及部门发放贷款，这种新增贷款的发放一方面能够为这些产业和部门带来充足的流动性，另一方面也对商业银行的稳定运行提出了挑战。因此，新增贷款额的变化对金融机构的稳定运行必然会带来显著影响（万晓莉，2008；王雪峰，2010；何德旭，2011）。

金融市场运转稳定方面，根据上文中有关金融稳定的理论分析，我们可以发现，银行挤兑问题的出现会对金融市场带来波动与恐慌，这就表明流动性问题是金融不稳定的根源所在。根据明斯基的金融不稳定假说，资产价格的迅速提高只会加大公众对市场风险的担忧，这种环境下任何一个金融系统的负面冲击都会使整个系统面临瘫痪。因此，我们主要从市场流动性和金融资产价格两个方面进行基础指标设定。流动性问题方面，由于中国金融体系以银行业金融机构为主体，因此银行间市场的流动性在很大程度上能够体现整个金融体系的流动性问题，并且从近十几年中国金融市场发展的情况来看，只要银行业金融机构不出现流动性问题，整个金融体系就能够较为正常地运转，本书选取银行间同业拆借利率（Shibor）作为代表金融市场流动性的基础性指标。IMF（2004）和何德旭（2011）同时也将 M_2/GDP 作为另一个重要的流动性基础指标。本书构建金融稳定指数的目的是研究金融稳定与货币稳定之间的协调关系，不应将具有鲜明货币稳定色彩的 M_2/GDP 指标纳入金融稳定指标，因此我们对这一指标不予考虑。金融资产价格方面，鉴于中国的金融投资渠道、产品等相对比较单一，在金融体系内运转的大部分资金存在于股票市场与房地产市场，本书将股票价格与房地产价格同时作为金融市场中的金融资产价格类基础性指标。基于基础性指标的可获得性原则，股票价格用股票市盈率替代，而房地产价格则用商品房销售价格替代。

金融体系抗风险能力方面，由于中国金融市场从长期发展趋势来看必然是逐步全面对外开放的，所以本书在构建金融稳定指数时，重点考察外部冲击特别是国外环境对国内金融体系的冲击。在选取基础性指标过程中，我们主要选用外汇储备总量、外债比率（对外负债/外汇储备）和实际有效汇率三个指标。其原因如下：首先，外汇储备作为我国中央银行的重要资产，是抵御外部冲击的一个重要保证。一国外汇储备多，意味着该国在应对外部冲击时拥有更大的主动权，能够通过释放大量外汇资产来稳定外汇市场，从而实现稳定国内金融体系的目标。其次，外债比率是对外偿付债务能力的重要体现，反映了一国在外部资本频繁流通情况下应对资源配置、忍受短期资源错配所带来风险的能力，也能够提振本国金融市场信心，从而实现金融体系稳定。最后，实际有效汇率不仅能够在国际贸易领域对一国的进出口变化产生影响，还会对国际资本流动预期与流动方向产生影响，进一步影响外汇市场，从而对金融体系稳定造成间接影响。构建金融稳定指数的所有基础性指标如表 3.2 所示。

表 3.2   金融稳定指数基础性指标选择情况

指标类别	基础性指标
金融机构稳定运行	不良贷款率
	新增贷款额
金融市场运转稳定	银行间同业拆借利率
	股票市盈率
	房地产销售价格
金融体系抗风险能力	外汇储备
	外债比率
	人民币实际有效汇率

资料来源：作者编制。

二、金融稳定指数的具体构建方法

本书重点针对我国金融体系的发展特点，分别从金融机构、金融市场以及外部冲击三个方面筛选出八个变量作为下一步构建金融稳定指数的基础性指标。下一步则应当是通过特定的方法将这些指标进行有机结合，从而核算出中国的金融稳定指数。

从已有文献整理结果来看，许多文献对于金融稳定指数的核算，其思路实际上与货币状况指数（Monetary Conditions Index，MCI）大体相同。MCI 被定义为短期利率与汇率相对于长期均衡偏离的加权平均，这里主要体现的就是当期值与长期均衡值之间的偏离程度。Goodhart 和 Hofmann（2011）在 MCI 的基础上加入了股票价格与房地产价格，从而进一步构建了金融状况指数（Financial Conditions Index，FCI），作为中央银行判断未来通胀水平偏离情况的一个重要参照指标。Jan Willem van den End（2006）沿用 FCI 的构建思路，对金融体系内包括股票、房地产、外汇和债券等在内的各类金融资产以及能够反映金融机构运行状况的指标赋予不同的权重，核算其当期值对长期均衡值的偏离程度，构建了一个金融稳定状况指数（Financial Stability Conditions Index，FSCI），其计算公式如下：

$$FSCI = \sum \omega_{it}\left(\frac{F_{it} - \overline{F}_{it}}{\overline{F}_{it}}\right) \tag{3.1}$$

其中，F_{it} 表示基础性指标，$\overline{F}_{it}$ 表示该基础性指标的长期均衡值，ω_{it} 表示各基础性指标的权重。许多学者利用这种核算方法来估算各国的金融稳定状况指数，并以此来判断各国的金融稳定情况，但 FSCI 是一个基于自身基础性指标来反映长期均衡水平偏离情况的指标，其分母值用 F_{it} 替代意味着在利用这一指标判断金融体系稳定性时，需要人为地设置一个上下波动的边界，这一边界的设置方法有很多，且各自的理据不尽相同，这就使这一指标在全球范围内无法对不同的金融体系稳定情况进行同质判断。基于此，Miguel（2010）在 FSCI 的基础上进行了改进，改进后的计算公式如下：

$$FSI = \sum \omega_{it}\left(\frac{F_{it} - \overline{F}_{it}}{\sigma}\right) \tag{3.2}$$

与式（3.1）相比，式（3.2）在分母上用 σ 进行了替代。σ 表示各基础性指标的标准差。这样替代的一个好处是，基础性指标对长期均衡值的偏离参照值得到了固定，仅需要判断 FSI 的值与零之间的关系。当 $FSI \neq 0$ 时，意味着当前金融风险偏离长期均衡金融压力水平，偏离程度越高意味着金融风险暴露的可能性越大。其中，正向偏离意味着金融市场出现泡沫的可能性较大，整个市场出现过热运转；负向偏离意味着金融市场出现了金融危机爆发式的恐慌，偏离程度越大，则金融体系动荡情况越显著。当 $FSI = 0$ 时，基础性指标与其长期均衡水平不存在偏离情况，此时金融体系运转处于相对稳定状态。FSI 与 FSCI 之间最大的区别在于 FSI 不需要人为地强制设定一个波动区间，以该区间为标准判断金融体系的稳定情况，最大限度地消除了人为因素对金融稳定的判断，使金融稳定指标更具客观性。

除了需要确定 FSI 中的基础性指标及其长期趋势值外，最重要的就是要确定不同基础性指标在 FSI 中的权重。一般来说，权重的确定主要包括以下三种方法：

（1）通过简化的总需求方程推导出各基础性指标变量权重。Goodhart 和 Hofmann（2001）构建了一个简单的总需求函数，在这一函数当中包含了产出缺口、利率缺口、股票价格缺口、房地产价格缺口以及实际有效汇率缺口等多元、多滞后期变量。在这一总需求函数的基础上，我们通过实际数据对这一模型进行合理的参数估计，再将这些估计出来的系数根据不同变量的不同滞后期进行加总，而每个变量所有滞后期加总后所得到的值占总的所有变量（包括滞后期）系数加总和的比重，可以作为金融稳定指数中不同变量的权重。具体计算公式如下：

$$\omega_i = \frac{\sum coefficient(Z_{i,t,\cdots,n})}{\sum \left| \sum coefficient(Z_{i,t,\cdots,n}) \right|} \quad (3.3)$$

其中，$Z_{i,t,\cdots,n} = \dfrac{F_{it} - \overline{F}_{it}}{\sigma}$，表示基础性指标对其长期趋势的偏离度，$coefficient$（$Z_{i,t,\cdots,n}$）表示基础性指标偏离度在不同滞后期的回归系数。这种方法的优点在于，它在对权重的计算过程中具备了一定的理论基础，因此最后所得的金融稳定指数更具理论意义。

（2）利用计量经济学中的脉冲响应函数推导各基础性指标变量权重。这种方法是第一种方法的一个延伸。由于第一种方法在权重计算处理过程中只是对其变量系数做加总处理，并没有体现出各变量在时变过程中的作用大小，因此计算出来的指数在一定程度上可能对后续变化的影响分析不够充分。在脉冲响应函数的基础上，各变量可以通过一单位新息冲击，考察各变量在后续时间发生的变动及其对整个系统变量影响的贡献度，以此来判断外部冲击对这些基础性指标的影响作用大小，从而确定各基础性指标在金融稳定指数中的主次地位。这种权重计算方法在已有的总需求方程基础上构建脉冲响应函数，利用脉冲效应得到各变量受冲击情况，最后利用方差分解得到的各变量方差分解值，除以方差分解值的总和，就能够得到各变量在金融稳定指数中的权重大小。

（3）利用PCA确定各基础性指标的权重。PCA（Principal Component Analysis）也称主成分分析法或主分量分析法，是近年来学术界在构建指标评价体系或综合性指数时常用的一种方法。这种方法是利用降低维度的思想，将多个具有相互联系的基础性指标简化成少量综合指数的指数合成方法。它的最大优势在于能够有效剔除冗余信息，使构建的综合指数内的基础性指标具有较小的关联性，同时这些指标包含了综合指数所反映出的绝大部分信息，提高了综合指数的精练度，而根据这种方法计算出来的各指标权重大小也能够十分客观地反映出该综合指数的主要结构。本书在构建金融稳定指数时，主要运用PCA来确定各基础性指标的权重。

根据上文的分析结果，我们选取了包括不良贷款率在内的八个基础性指标，利用 Miguel（2010）的指数合成方法，通过 PCA 对各基础性指标的权重进行确定，最终得到一个能够反映中国金融体系稳定情况的金融稳定指数。

首先，在数据选取时，除了房地产销售价格与外债比率两个指标之外，其他指标都能通过 Wind 数据库获得。我们在选择房地产销售价格指标时，用房地产销售额/房地产销售面积来求得单位面积的房地产销售价格，并以此作为房地产销售价格指标；在选择外债比率指标时，由于没有直接的数据，我们使用中国人民银行的资产负债表数据，用对外负债/外汇储备总额来表示外债比率这一指标。此外，关于银行间同业拆借利率，我们使用的是 Shibor 隔夜拆借利率，因此所有数据都是从 2004 年 5 月开始整理的，一直到 2014 年 12 月。

由于不同的指标对金融稳定指数的影响性质不同，我们有必要对这些基础性指标进行属性划分。对于有正向影响效应的指标（该指标的增加/减少会提高/降低金融体系的稳定性）我们不进行特殊处理，但对于有负向影响效应的指标（该指标的增加/减少会降低/提高金融体系的稳定性），我们将具有这一属性的基础性指标做倒数处理，使其与有正向影响效应的指标具有同质性。各指标具体的正负向属性如表 3.3 所示。

表 3.3　　　　　　　　　　基础性指标正负向属性情况

基础性指标	指标属性
不良贷款率	负向
新增贷款额	负向
银行间同业拆借利率	负向
股票市盈率	负向
房地产销售价格	负向
外汇储备	正向
外债比率	负向
人民币实际有效汇率	负向

资料来源：作者编制。

在确定基础性指标的属性后，就应当开始计算各指标对其长期均衡水平的偏离度了。在计算基础性指标的长期均衡水平时，我们用 X-12 方法对各变量进行季节性处理（如果是负向属性的基础性指标，则先取倒数再进行 X-12 方法处理），然后用 HP 滤波法得到每个基础性指标的长期趋势$\overline{F_{it}}$，最后根据$\dfrac{F_{it} - \overline{F_{it}}}{\sigma}$来计算各指标的偏离度。

计算出各指标的偏离度后，我们开始利用 PCA 来计算经过处理后各变量的主成分权重，具体计算结果如表 3.4 所示。

表 3.4 基础性指标权重计算结果

特征向量	第一主成分	第二主成分	第三主成分	第四主成分	第五主成分	第六主成分	第七主成分	第八主成分
不良贷款率	− 0.402	− 0.035	0.856	− 0.217	0.785	0.222	− 0.316	− 0.134
新增贷款额	0.378	− 0.289	0.228	0.306	0.318	0.430	0.562	− 0.160
银行间同业拆借利率	0.174	0.673	0.509	− 0.451	− 0.024	0.144	0.181	0.029
股票市盈率	− 0.308	− 0.307	0.799	0.203	− 0.130	− 0.333	− 0.055	0.006
房地产销售价格	0.413	− 0.055	0.187	0.194	− 0.004	0.343	− 0.597	0.529
外汇储备	− 0.419	− 0.080	− 0.079	− 0.104	0.024	0.144	0.427	0.773
外债比率	− 0.230	0.598	− 0.038	0.752	0.142	− 0.032	0.020	0.025
人民币实际有效汇率	0.412	0.025	− 0.031	− 0.030	0.495	− 0.704	0.102	0.278
特征值	5.939	0.981	0.499	0.369	0.121	0.054	0.026	0.009
贡献率	0.742	0.123	0.062	0.046	0.015	0.007	0.003	0.002
累计贡献率	0.742	0.865	0.927	0.973	0.988	0.995	0.998	1.000

资料来源：作者编制。

表 3.4 中，第一主成分的特征值为 5.939，占整体贡献率的 74.2%，能够较好地反映 8 个指标的总体变动情况，而根据它们的特征值可以发现第二个特征值开始小于 1，因此这里我们提取第一个主成分来反映指数变动。

三、中国金融稳定指数的测算与验证分析

在求出各基础性指标的偏离度及其权重后，我们可以计算出2004年5月到2014年12月的金融稳定指数。为了更直观地显示中国金融稳定的变化情况，我们将该指数绘成折线图的形式，如图3.1所示。

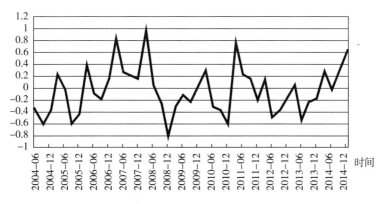

资料来源：作者编制。

图3.1　中国金融稳定指数

从图3.1可以看出，中国的金融体系经历了三个较为显著的周期性波动。因此，我们将2004—2014年中国金融体系的发展主要分为三个阶段来进行分析。

1. 2004年中至2007年末

2004年中至2007年末，我国金融稳定指数稳定上升，从2004年下半年 −0.6 的最低点逐步攀升至2007年初0.8的高位，显示了中国金融体系发展从相对稳定状态向不稳定状态逐步转变的过程。这一阶段中国金融体系稳健性的变化主要体现在两个方面。

首先，外汇储备迅速积累，提高了国内金融体系的抗冲击能力。自中国加入世贸组织（WTO）以来，借助于劳动力竞争优势，中国净出口贸易得到了迅速提升，而基于当时中国的外汇管理制度，外汇储备总额从2000年的1655.74亿美元迅速增长至2007年末的15282.49亿美元。外汇储备的积累对国内经济带来了两个方面的作用：一是大量的外汇储备能够降低中国的对外负债率，同时对稳定汇率、预防外部冲击带来了极为正面的影响；二是外汇储备的积累导致外汇占款迅速增加，这又在无形中提高了国内通

胀的压力。2003 年 9 月中国的 CPI 为 0.9%，仅一年以后 CPI 就上涨至 5.3% 的高位。尽管当时中央银行通过发行中央银行票据、调整存款准备金率等手段成功遏制了通胀水平的进一步上扬，但这样做只是掩盖了通胀水平的表象，并没有从根本上解决外汇占款的问题。通胀压力的持续上升必然对中国的金融稳定带来隐患。

其次，人民币新增贷款的快速增加一方面带动了经济增长，另一方面也带来了金融市场流动性过多的隐患。2001—2007 年，人民币新增贷款总额呈阶梯式攀升，它不仅成为这段时间中国经济增长的重要推动力，也体现了经济参与者对中国经济未来发展的信心。然而，新增贷款总额的上涨带动经济增长的一个重要前提是贷款资金充分、有效地从金融体系流入实体经济，如果这一过程出现漏损（甚至是大规模漏损），将会形成大量资金在金融体系内部"空转"的情况。这种过多的流动性积累在金融体系当中，不仅提高了金融市场的资产价格，也对市场的通胀水平造成了冲击。正是在人民币新增贷款这一指标的节节攀升下，金融稳定指数逐步上升，中国金融体系开始进入一个相对不稳定阶段。

2. 2008 年初至 2010 年末

2008 年初至 2010 年末，我国金融体系经历了金融泡沫迅速扩大—金融泡沫瞬间破灭（金融不稳定—金融相对稳定）的阶段。在前一阶段的影响下，中国金融风险开始积累，由于前期对市场的过度乐观，股票市场暴涨至 6000 点，金融泡沫迅速膨胀。2008 年下半年，美国次贷危机开始向全世界蔓延，而这一阶段，由于人民币实际有效汇率进入升值通道，我国进出口总额下滑了近 30%，加之工业增加值的回落，我国宏观经济下行明显。在这一环境下，中国政府为应对负面冲击而实施了 4 万亿元投资刺激计划。2009 年，我国新增贷款总额达到 9.6 万亿元的高位。商业银行不良贷款压力加大，加之股票市场的大起大落，大量资金开始逃离股票市场，转而进入房地产市场，引发了新一轮的房地产价格泡沫积累。毫不保守地说，我国的金融体系在这段时间是动荡的，且一旦房地产市场泡沫在过高位破裂，将会对我国的金融体系稳定带来更大的冲击。这一阶段，中国的金融体系在动荡的全球经济形势下也出现了一些不稳定因素，但并没有对整体经济带来实质性破坏。

3. 2011 年初至 2014 年末

2011 年初至 2014 年末是我国金融体系的调整时期，在后金融危机时代，货币当局一方面通过稳健的货币政策稳住公众的通胀预期，从而间接地维持金融市场的稳定；另一方面也利用对金融创新的支持，最大限度地提高金融发展对实体经济的带动作用，以此来寻找中国经济增长恢复上升通道的原动力。

2010 年末至 2011 年，首先出现的是金融稳定指数的直线上升。其主要原因是我国对外负债的急剧上升。一方面，由于其他西方发达国家经济疲软，加上量化宽松政策的外部效应开始显现，大量资金流入新兴市场国家，以寻求更多的投资机会；另一方面，中国作为新兴市场的代表，随着对外开放程度越发提高，大部分国外投资者认为中国极具投资发展潜力，因此不约而同地加大了对中国的投资力度。尽管中国拥有大量的外汇储备来应对迅速提高的对外负债，但从长远来看，过高的对外负债比率不仅会使中国背负过高的对外负债成本，大量资金进入国内也会形成通胀压力或金融市场流动性过剩，不利于中国金融市场的稳定。

随后的两年，中国金融体系在整个经济系统回落调整的环境下基本处于稳定状态，但好景不长，从 2013 年中开始，金融体系又开始出现不稳定因素，金融稳定指数从 2013 年 6 月的 −0.5 左右低位开始迅速上升，到 2014 年末已经上升到 0.6 以上。这一阶段拉动金融稳定指数上升的主要力量是银行间同业拆借利率与股票价格。从同业拆借市场方面来看，由于影子银行规模的迅速扩大，信托业务、理财业务等新兴金融产品开始在市场上大肆吸收流动性，导致整个金融系统出现长短期资产期限不匹配问题，并于 2013 年 6 月在银行间同业拆借市场爆发。随着隔夜拆借利率的迅速飙升，整个金融市场一度出现恐慌，一时间流动性成为金融市场最为关注的问题。股票市场方面，随着 2007 年末的 6000 点股市泡沫破灭并在近 2000 点位置的长时间徘徊，加上房地产市场的逐步走弱，大量闲散资金开始重新将目光聚集到股票市场上来。2014 年末中央银行的一次降息行为，彻底点燃了公众对股票市场的热情，短短半年时间股票市场就从 2000 点的水平迅速上升至 3000 点位，且上升势头不减。这种情况的出现一方面是由于中国处于经济结构转型阶段，多项市场化改革的迅速推进使公众提高了对中国未来经济增长的预期，加上"一带一路"、亚洲基础设施投资银行等倡议的推出，无论是国外投资者还是国内投资者，都极度看好中国前景；另一方面，这种股票市场与房地产市场周期性上升与下降的现象也体现出国内金融投资渠道相对狭窄，大量资金只能在房地产市场与股票市场来回倒动的事实。影子银行规模的迅速扩大，以及股票市场短期内大幅提升，都反映出中国的金融市场在短期内必然会形成显著的不稳定因素，为金融体系的稳定发展带来一定的冲击。

总体来看，从2004年中到2007年末，我国金融体系面临的风险呈阶梯性上升，这一阶段金融体系稳定性有所减弱。2008年初到2010年末，前半段时间我国的金融体系风险在股票市场暴涨的带动下急剧上升，整个金融体系不稳定因素开始集聚；后半段随着股票市场泡沫破灭，金融体系稳定性也得到了一定程度的改善。2011年初到2014年末，金融体系在外部冲击、内部流动性以及资产价格三大因素的冲击下显得动荡不安，首先是外部投资冲击降低了金融体系的稳定性，尽管在短时间内随着经济的整体回落，其稳定性也得到了一定程度的巩固，但随着影子银行规模的急剧扩张以及股票价格的迅速攀升，金融风险隐患再次在2014年末出现。由此可以看出，本书构建的金融稳定指数在一定程度上能够很好地反映出我国金融体系的稳定程度，且在分析不同阶段金融稳定指数波动的原因时，该指数的基础性指标也能对其进行合理的解释。

第三节　金融稳定在货币政策传导过程中的作用机理与传导效应

前文通过构建中国的金融稳定指数来对近年来中国金融体系的稳定性进行了分析与解释。我们发现，中国金融体系的稳健性与整个经济体的波动周期息息相关。那么，金融稳定是否能够并且应该作为货币政策的一个重要目标就是我们下一步需要重点讨论的问题。

一、基于货币学派的货币政策传导机制

在西方经济学理论体系构成的初期，由于当时的金融体系发展并不完善，许多学者在提出自己的经济学观点或理论时，往往并没有考虑金融体系在其中的影响。当时的古典学派认同货币数量论，即市场上流通的货币数量决定着名义价格水平。著名经济学家费雪（Fisher，1911）提出的费雪方程式 $MV = PQ$，则更是直观地表达了这一观点的内涵。

在费雪方程式中，M 表示市场上的货币数量，V 表示货币流通速度，P 表示商品价格，而 Q 则表示产出数量。在很长一段时间内，假设货币流通速度不变，那么市场上货币数量的变化将会直接影响市场产出总价值的变化。这一理论并没有考虑金融市场因素对实体经济的影响，而是考虑了货币与产出之间的直接关系。此后，20 世纪 50 年代出现的货币学派在古典学派这一理论的基础上，衍生出了一套完整的货币政策传导机制：

$$M \rightarrow E \rightarrow I \rightarrow Y$$

货币学派认为，货币供给增加（减少），在货币需求不变的条件下，家庭和企业持有的货币数量将会超过（低于）他们的意愿持币数量，从而促使家庭与企业的总支出增加（减少），而这些支出都会转变成为消费与投资，最终带动（抑制）整体经济的增长。在这一货币政策传导机制中，货币学派并不认为利率在其中起到了决定性作用，而是更加强调货币供应量变化对实际产出的效果。在直接效应影响下，中央银行制定和实施的货币政策通过改变市场上货币流通的数量，直接通过产品市场（也可能通过一个完全无摩擦假设下的金融市场）来影响经济产出。

二、基于凯恩斯学派的货币政策传导机制

在凯恩斯学派的经济学理论体系中，利率（或者说资金的价格）是货币政策传导机制中不可或缺的重要因素。这一学派认为，货币供给的增加（减少）在货币需求不变的条件下首先降低（提高）了资金的借贷价格——利率水平，而利率的降低（提高）又会增大（减少）资本的投资收益，在投资和消费乘数的影响下成倍地提高（降低）公众的投资与消费水平，带来总支出的扩大（缩小），最终实现总产出的增加（减少）。这一完整的货币政策传导机制为

$$M \rightarrow r \rightarrow I \rightarrow E \rightarrow Y$$

在这一传导机制过程中，利率是实现货币需求向投资需求转变的重要变量，而利率又是货币市场（金融市场）中体现资金价格的关键变量，因此货币政策的实施应当首先通过货币市场（金融市场），再根据货币市场（金融市场）基于市场机制实现的资源配置结果反馈到实体经济，最终影响总产出水平。

在货币政策的间接效用作用过程中，金融市场的运转起到了关键性作

用，而针对货币政策在金融市场内传导过程的分析，后来的经济学家又得到了更为详尽和复杂的研究成果。其中，金融加速器理论具有很强的代表性。

在传统的凯恩斯货币政策传导渠道中，货币供给—利率—投资的影响机制只是考虑了利率变化对资本投资收益的影响，并没有考虑到金融市场中的其他重要因素也会对投资乃至产出带来实质性影响。Bernanke（1989）通过对信贷市场的研究发现，外部融资溢价与借款者的资产净值之间存在显著的负相关关系，因此他提出了著名的金融加速器理论。在金融加速器条件下，由于信贷市场上存在金融摩擦以及信息不对称，外部融资溢价随着借款者资产净值的变化而反向变化。当市场上出现负向的冲击时，企业和家庭的财务状况会进一步恶化，其资产净值也会大幅缩水，这就使企业与家庭在金融市场上获得贷款的可能性大大降低。与此同时，企业与家庭在经济下行条件下外部融资的意愿急剧上升，又进一步导致了总体产出的下降。正是在金融加速器机制的影响下，市场上的负面冲击被进一步放大，进而对实体经济带来了更大的伤害。

为了更清楚、直观地理解金融加速器机制下货币政策的实施对实体经济的放大影响，我们构建一个企业的产出—投入模型进行深入分析。

企业的主要功能是在初期投入资本，在末期获得产出，通过对这些产出进行再生产或直接出售来获得收益。为方便分析，我们假设企业包含两期，投入期为 0 期，产出期为 1 期。企业投入资本分为固定资本 K 与可变资本 K'，其中固定资本 K 不计折旧，可变资本 K' 在一个生产周期完成后被完全折旧，生产函数 $F(X)$ 的表达式为

$$F(k'_t) = af(k'_t) \qquad (3.4)$$

式（3.4）说明了企业的产出受技术因子 a 与可变资本投入 k' 的影响，其中 $f(k'_t)$ 满足增凹函数的性质。该企业将所有产出全部变为下期生产的投入，且通过外部融资实现扩大再生产，因此企业在 1 期时不仅能够获得 0 期的产出，还要承担 0 期借贷所产生的负债支出。在 1 期，企业的可变资本投入为

$$k'_1 = F(k'_0) + B_1 - r_0 B_0 \qquad (3.5)$$

其中，B_t 表示 t 期的企业负债，r_0 表示 0 期的利率水平。企业负债受其自身的资产净值影响，而资产净值实际上也就是企业向银行进行贷款时可抵押物的价值。在无杠杆条件下，企业可以完全抵押自身的固定资本 K，以此

来换取等额的贷款资金。因此，B_1 的表达式如下：

$$B_1 = \frac{q_1 K}{r_1} \qquad (3.6)$$

其中，q_1 表示的是单位固定投入的资产价格。等式右边可以理解为资产价格的现值，我们将其称为企业的资产净现值，因此企业的可贷资金与企业的资产净现值相等。联立式（3.5）与式（3.6），我们可以得到含有企业净现值因素的可变资本投入函数：

$$K'_1 = F(k'_0) + \frac{q_1 K}{r_1} - r_0 B_0 \qquad (3.7)$$

式（3.7）中，企业的可变资本投入量大小取决于三个方面：前一期产出、资本净现值以及前期债务。假设存在最优可变资本投入量，那么此时企业内部资金的影子价格应当与外部融资利率相等，即

$$a_t f(k'_t) = r_t \qquad (3.8)$$

假设在 1 期企业资产净现值小于最优可变资本投入，此时将会出现外部融资溢价，溢价值为 $a_t f(k'_t) - r_t$，而在式（3.8）的约束下，资产净现值的下降将会减少可变资本 K' 的投入，从而使边际生产率提高，最终增加企业内部资金的影子价值，降低企业产出。

结合上述理论模型，我们可以发现货币政策的实施对实体经济有债务成本与资产价格两个方面的影响。我们以通过提高利率实施的紧缩性货币政策为例来分析：从债务成本效应来看，紧缩性货币政策将会提高市场利率水平，使企业的债务成本上升，进而减小了企业在除去利息支出后的净现金流，从而降低可变资本投入，最终降低产出；从资产价格效应来看，紧缩性货币政策导致的高利率水平降低了企业的单位资产价值，同样减少了可变资本的投资支出，最终同样降低了企业的产出。正是在这种金融加速器机制下，紧缩性货币政策使企业同时在资产价格与债务成本效应的影响下降低产出，使企业的融资约束、投资与产出受到进一步约束，形成了一种类似"加速效应"。

货币政策的传导效应在金融加速器机制的影响下对实体经济的作用得到加强，同时也对金融系统冲击予以放大，使金融市场稳定性下降。这种冲击导致的金融体系波动在可控条件下并不会对金融体系造成显著影响，但如果放大效应明显，很容易使金融体系产生动荡，不利于货币政策对实体经济的传导机制正常运行。

三、含有金融稳定因素的中国货币政策传导分析

鉴于金融体系的稳定性在金融加速器机制的作用下对货币政策的实施产生一定程度的影响，下一步我们从实证的角度来验证金融稳定是否能够作为货币政策的一个重要目标予以关注。从正常逻辑来看，要想判断某一因素是否能够作为货币政策目标，必须要验证这一因素在货币政策的传导渠道中是否起到了明显的作用。从已有的文献整理情况来看，在研究以货币稳定为目标的货币政策实施过程中，往往使用的是"货币政策中介指标—货币政策最终目标"这一常用的货币政策传导机制。我们认为，尽管在很多时候传统理论都将物价稳定与经济增长作为货币政策的最终目标，放在同等地位，但从中国的实际情况来看，其作为发展中国家的制约条件，使经济增长在很长一段时间内都应当作为最重要的最终目标。换句话说，其余的货币政策最终目标都应当作为经济增长的辅助目标予以实施（短期内可以有轻重之分）。因此，本书在进行货币政策传导过程的实证时，将货币稳定、金融稳定作为货币政策的一阶最终目标，而经济增长则作为二阶最终目标。最终的货币政策传导机制为"货币政策中介指标—政策短期目标—政策长期目标"，应用到本节则应当是"货币政策中介指标—金融稳定目标—经济增长目标"。

为进一步分析金融稳定因素在我国货币政策传导过程中起到了怎样的作用，我们有必要构建一个实证模型来判断不同类型的效应对经济增长的影响程度。此外，我们还应当在实证模型的基础上，通过脉冲响应函数来判断不同类型效应冲击对经济增长的后续影响。

上文的理论分析说明，货币政策的传导效应从信贷市场与资本市场渠道通过资产价格与利率水平对实体经济产生影响，事实上，这两个渠道都应当包括在金融稳定因素当中，即货币政策的间接效应主要受金融稳定因素的影响。当金融市场稳定性较高时，货币政策的传导效应对经济增长的影响较为显著，此时金融市场的资源配置效率较高；当金融市场稳定性较差时，金融市场上的各项数据无法合理反映出货币政策意图或实体经济需求，此时货币政策无法通过金融市场显著地提高实体经济发展效率。因此，我们使用上文构建的金融稳定指数作为货币政策的间接效应指标，而对于货币政策的直接效应指标，我们用货币供应量进行替代。

　　本书构建了一个包含中国金融体系稳定性、产出缺口和货币政策变量的带随机波动性变参数向量自回归模型（TVP-VAR），来判断各变量之间的相互影响情况。本书选用 TVP-VAR 模型而非传统的 SVAR 模型的主要原因是，TVP-VAR 模型不仅能够从经济周期的不同阶段考察不同变量冲击产生的效果，还能进一步考察不同变量的新息冲击在长期、中期、短期的影响，有助于确立金融稳定因素在货币政策传导过程中的定位，为货币政策关注金融稳定，甚至将金融稳定作为重要检测目标提供数据支持。考虑一个含有三变量的 TVP-VAR 模型：

$$Y_t = c_t + B_{1,t} Y_{t-1} + \cdots + B_{k,t} Y_{t-k} + u_t \qquad t = 1, \cdots, T \qquad (3.9)$$

其中，$Y_t = (y_t, m_t, FSI_t)'$，y_t 代表产出缺口，m_t 代表货币供给，FSI_t 代表金融稳定因素；u_t 代表异方差的不可观测外生冲击，其协方差矩阵为 Ω。c_t 与 $B_{i,t}$ 分别表示时变参数与时变系数矩阵，其中 $i = 1, \cdots, k$。

　　利用 Primiceri（2005）的方法，我们将式（3.9）化简为更紧凑的形式：

$$Y_t = X_t' B_t + A_t^{-1} \sum_t \varepsilon_t \qquad (3.10)$$

其中，$X_t' = I_3 \otimes [1, Y_{t-1}', \cdots, Y_{t-k}']$，$I_3$ 表示三阶单位矩阵；ε_t 表示均值为 0、方差为 1 的结构式冲击向量；A_t 为一个含时变参数的下三角矩阵，该矩阵中的时变参数设为 α_t；$\sum_t$ 为对角矩阵，且对角元素为 σ_t，A_t 与 $\sum_t$ 满足 $A_t \Omega_t A_t' = \sum_t \sum_t '$；$\otimes$ 表示克罗内克积。时变参数满足以下条件：

$$B_t = B_{t-1} + \nu_t \qquad (3.11)$$

$$\alpha_t = \alpha_{t-1} + \zeta_t \qquad (3.12)$$

$$\log \sigma_t = \log \sigma_{t-1} + \eta_t \qquad (3.13)$$

其中，ν_t、ζ_t 和 η_t 均表示随机误差项，其方差—协方差矩阵为 $V = $

$$\text{VAR}\left(\begin{pmatrix} \varepsilon_t \\ \nu_t \\ \zeta_t \\ \eta_t \end{pmatrix} \right) = \begin{bmatrix} I_n & 0 & 0 & 0 \\ 0 & Q & 0 & 0 \\ 0 & 0 & S & 0 \\ 0 & 0 & 0 & T \end{bmatrix}$$，且 Q、S、T 均为正定矩阵。

　　本书借鉴 Primiceri（2005）的方法，假定带估计参数的先验分布为正态分布，其均值和方差利用一个固定参数的 VAR 模型所得结果来获取，其中均值为固定参数 VAR 模型的最小二乘法估计量，方差为 VAR 模型最小二乘法估计值的 4 倍，$\log \sigma_t$ 为 VAR 最小二乘法估计值，方差为单位矩阵。Q、S、T 的先验分布均满足逆 Wishart 分布。

在实际数据的选取过程中，我们作出以下选择：产出缺口数据选择方面，本书将国内工业增加值经 HP 滤波后得到产出缺口的代理变量，数据来源于国家统计局官方网站；货币供给数据选择方面，本书将 M_1 作为货币政策效应模型中货币供应量的代理变量，数据来源于中国人民银行官网；金融稳定性变量方面，我们用上文中测算出的金融稳定指数作为代理变量。所有数据用 X - 12 方法进行季节调整处理。数据的时间跨度为 2004 年 6 月至 2014 年 12 月。

由于金融稳定指数强调的是当期数值对均衡值的偏离情况，因此我们在进行数据比较时，也将 M_1 与国内生产总值换算成变化率的形势。这种做法的好处在于，一方面消除了不同变量之间的量纲差异，另一方面也使三组变量变化时的意义能够得到更好的解释。三组数据处理后的变化如图 3.2 所示。

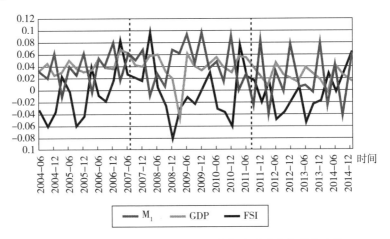

图 3.2　货币供应量、国内生产总值与金融稳定指数的走势

从图 3.2 中可以看出，三组变量的变化趋势基本一致：2004 年 6 月至 2007 年 6 月，货币供应量与国内生产总值变化并不显著，而金融稳定指数在前期也较为稳定，到 2006 年后开始迅速攀升，呈现出一定程度的不稳定现象。2007 年 6 月至 2011 年 6 月，三个变量的波动出现紊乱，且开始呈现出一定的先后顺序。货币供应量增速在 2007 年末迅速下降，紧接着到 2008 年下半年，金融稳定指数也开始出现直线下跌的情况，最后是国内生产总值变化率在 2009 年初也快速回落。从 2008 年初开始，货币供应量的变化速度开始提高，而金融稳定指数也在 2008 年末后开始触底反弹，国内生产总值增长变化从 2008 年上半年开始逐渐恢复。事实上，在经济系统不稳定时期（虚线时间范围内），三组变量的变化滞后顺序比经济平缓时期表现得更加显著。此外，金融稳定指数的波动区间比货币供给变化的波动区间以及经济增长速度变化的波动区间更大。

与 SVAR 模型估计条件相同，为了避免实证检验过程中出现伪回归，我们首先要对经过 X – 12 调整后的相关数据运用 ADF 检验方法进行平稳性检验，来判断各变量是否为同阶单整序列。具体情况如表 3.5 所示。

表 3.5　　　　　　　　　　各变量平稳性检验结果

变量	ADF 检验的 t 统计量	1% 的临界值	5% 的临界值	10% 的临界值	结论
Y	– 1.71	– 3.60	– 2.93	– 2.60	非平稳
M_1	– 1.03	– 3.62	– 2.94	– 2.60	非平稳
FSI	– 1.99	– 2.63	– 1.95	– 1.61	非平稳
ΔY	– 5.50	– 3.60	– 2.94	– 2.61	平稳
ΔM_1	– 3.49	– 3.60	– 2.94	– 2.61	平稳
ΔFSI	– 2.91	– 2.63	– 1.95	– 1.61	平稳

表 3.5 中，三个变量原始数据（Y、M_1、FSI）的 t 统计量均小于 1% 的临界值，说明这三个变量存在单位根，而经过一阶差分后的结果显示，三个变量 t 统计值的绝对值均在 1% 临界值的绝对值之上，说明这三个变量在进行一阶差分后均变成了平稳数据，即三个变量同为一阶单整变量。

在上述检验合理条件下，我们对具有时变特征的 B_t、α_t 和 $\log \sigma_t$ 三个变量通过 MCMC 过程和贝叶斯估计，利用脉冲响应来分析货币政策的直接效应与间接效应。由于在经济周期的不同阶段，模型中变量随冲击的变化可能有所不同，为区分其异动情况，我们将 2004—2014 年分为经济繁荣期、经济危机期以及后危机时期三个阶段，通过对三个不同阶段的货币政策冲击效应来分析金融稳定因素在不同时期货币政策传导过程中的表现。

从图 3.3 可以看出，无论是经济繁荣期、经济危机期还是后危机时期，货币供给的正向冲击都对产出缺口形成了正向作用，而这一冲击随着时间的变化逐渐消退，并在稳定区间呈衰减波动趋势。但从冲击效果来看，后危机时期的货币冲击对产出缺口的影响较为显著，反而在经济繁荣时期，这一效应的显著性更弱，主要原因是在经济繁荣时期，货币供给的上升更容易提高市场的名义价格，这就使这一冲击效应往往更倾向于转变成通胀水平的提高，经济危机期与后危机时期的通胀水平相对会维持在较低水平，因此货币供给冲击更容易转变成提高产出缺口的推动力。

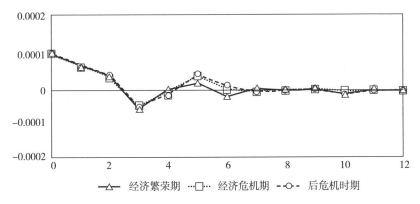

图3.3　货币供给冲击对产出缺口的脉冲响应

在分析含有金融稳定因素的货币政策间接效应时，我们重点考察两阶段的脉冲影响：一是货币供给冲击对金融稳定的脉冲响应，二是金融稳定冲击对产出缺口的脉冲响应。具体情况见图3.4与图3.5。

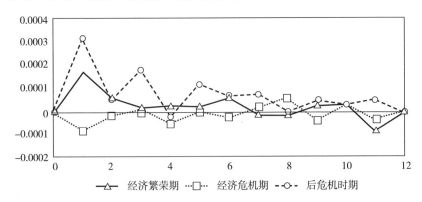

图3.4　货币供给冲击对金融稳定的脉冲响应

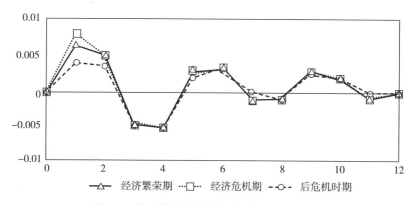

图 3.5　金融稳定冲击对产出缺口的脉冲响应

从图 3.4 中可以看出，在经济繁荣期与后危机时期，货币供给的正向冲击对金融稳定产生了较为显著的正向效应，这一效应在第 6 期后开始逐渐衰退，且后危机时期的脉冲响应比经济繁荣期更为显著，说明货币供给的增加会在一定程度上造成金融不稳定因素的积累，而这种积累效应在后危机时期尤为明显。在经济危机期，货币供给的正向冲击与上述结果恰恰相反，首先产生一定的负向作用，而后才随着时间的推移逐渐衰减。其主要原因可能是在经济危机期，由于流动性陷阱的存在，市场上货币总量的增加无法提振经济参与者的信心，大量货币处于停滞状态，此时金融体系会处于一个相对稳定的低位。

图 3.5 反映了金融稳定冲击对产出缺口的脉冲响应。由图 3.5 可知，在三个不同时期，该冲击所表现的趋势基本相同，金融稳定的正向冲击在短期内会对产出缺口带来一定的正向作用，但在第 2 期后开始迅速回落，并形成显著的负向拉动作用，直到第 5 期后才逐步回到均衡水平附近。这说明，金融体系的不稳定运行，在短期内很容易形成金融市场泡沫，这种泡沫在被大部分经济参与者发现之前能够提振市场信心，从而带动实体经济的短期上涨。然而，这种泡沫具有极度的不稳定性，一旦泡沫破裂（且这种泡沫存在大概率破裂机会），将会迅速隔断金融体系与实体经济之间的资金链，导致实体经济发展得不到足够的资源支持，甚至出现倒闭潮，最终出现经济衰退的情况。因此，货币当局绝不能通过维持金融体系持续的不稳定运行，换取经济的虚假繁荣，因为这种由泡沫堆起的繁荣必然会随着泡沫的破裂而使经济陷入更大的衰退。此外，图 3.5 表明后危机时期金融稳定的正向冲击对产出缺口的正向带动作用相较其他时期更小，且对实

体经济的负向拉动作用与其他时期基本相同，说明这种冲击效应在后危机时期对实体经济的推动作用更低。

我们进一步考察金融稳定因素对货币供给的反馈作用。图3.6显示，导致金融不稳定的冲击对货币供给在第0期就产生了一个瞬时的负向作用，且这一作用在第1期后呈均衡水平附近震荡衰减态势。这反映出金融体系的不稳定性在短期内会对货币供给产生抑制效应，有可能是以资产价格迅速上升为代表的金融体系的不稳定因素积聚，在经济参与者并没有完全识别其是否为泡沫的情况下，倾向于配置更多的金融资产，以此来获得更大收益。这就导致市场上的货币流通数量会在短期内有所下降，而随着时间的推移，经济参与者开始识别金融不稳定运行的本质，就会回归理性，使流通货币数量维持在均衡水平。

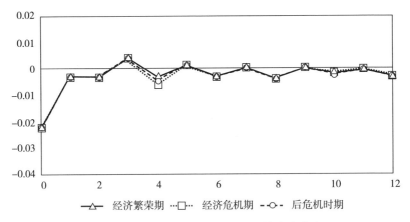

图3.6　金融稳定冲击对货币供给的脉冲响应

从上述脉冲分析中，我们可以得到三点主要结论：第一，扩张性货币政策对经济增长产生了显著的正向作用，其主要原因在于货币供给的增加提高了市场流动性，并降低了资金的借贷成本，此时实体经济有更高的积极性加大产出，从而对经济增长起到了明显的拉动作用。第二，扩张性货币政策短期内对经济增长产生正向作用，长期则起到一定的抑制作用。主要原因在于扩张性货币政策在金融加速器机制作用下，其效应在短期内得到进一步增强，随着金融市场泡沫的扩大与破裂，这种强化作用必然会对实体经济带来负面冲击，从而对实体经济发展带来抑制作用。此外，通过比较我们还可以发现，在后危机时期，扩张性货币政策通过金融稳定对经济增长产生的作用相较经济繁荣期与经济危机期更显著。第三，金融不稳定因素的集聚在短期内还会对货币供给产生负面影响，从而减弱扩张性货币政策的实施效果。基于上述结论，本书认为金融稳定因素在货币政策传导过程中起到了十分关键的作用，特别是在货币政策的间接效应中，扩张性货币政策催化了金融不稳定因素的集聚，而这一不稳定因素的集聚会对经济增长产生短期促进、长期抑制的作用。在后金融危机时代，货币当局必须密切关注金融稳定因素的变化，才能在维持金融体系稳健运行的条件下提高货币政策实施效率。

在确定了金融稳定在货币政策传导效应中的重要作用后，本书还进一步探讨了各变量冲击对其他变量的短期、中期、长期影响，以此来判断金融稳定目标在货币政策框架中应当作为短期、中期还是长期目标予以关注。

图3.7至图3.9显示了金融稳定在不同变量冲击过程中的短期、中期和长期变化。图3.7反映的是扩张性货币政策冲击对金融稳定的影响，结果显示，货币供给的正向冲击在短期内对金融稳定的正向影响相较中长期而言更为显著，而中长期这一效应的影响基本在零水平附近波动。图3.8显示，金融稳定冲击对产出缺口的影响在短期内显现出更为明显的正向冲击作用，而在长期则基本维持在零水平附近。图3.9中，尽管中长期内金融稳定冲击对货币供给的影响相较于短期更加明显，但三者之间的差距不大。

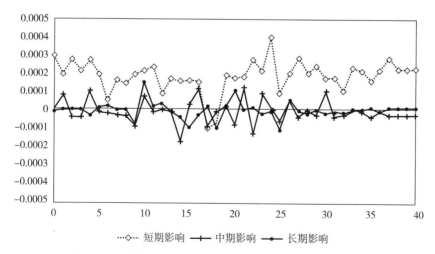

图3.7　货币供给冲击对金融稳定的短期、中期、长期影响

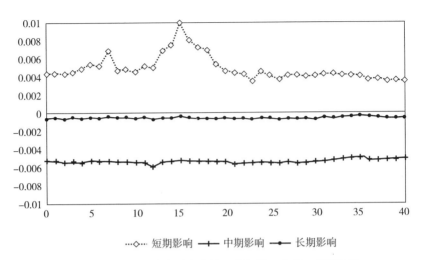

图 3.8　金融稳定冲击对产出缺口的短期、中期、长期影响

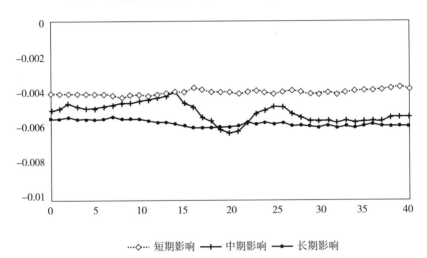

图 3.9　金融稳定冲击对货币供给的短期、中期、长期影响

综上所述，在含有金融稳定因素的货币政策传导过程中，货币供给的正向冲击造成了金融不稳定情况的出现，而这种不稳定因素的集聚会对实体经济带来先促进、后抑制的冲击作用，最终实现了金融不稳定向实体经济不稳定的转移，这一现象在后危机时期表现得更为明显。从变量冲击的时滞性来看，货币供给对金融稳定的冲击以及金融稳定对产出缺口的冲击都体现出短期作用较中长期作用显著，说明金融稳定因素在货币政策的传导过程中表现为短期效应。这也充分说明了在含有金融稳定因素的货币政策框架下，货币政策的间接效应降低了货币政策实施效率，不利于最终目

标的实现。因此，货币当局应当关注金融体系的稳健性变化，通过制定合理有效的货币政策来最大限度地维持金融体系的稳定，最终提高货币政策对长期目标的实现效率。

四、实证结论

本章从金融稳定角度出发，考察了金融稳定的定义及其度量，并通过已有数据构建了一个能够刻画中国金融体系的稳健性指标——金融稳定指数。在此基础上，构建了一个含有金融稳定因素的货币政策框架，通过分析货币政策的直接效应与间接效应，来考察金融稳定在货币政策实施过程中起到的关键作用。研究结果可以很好地解决本章提出的两个问题。

第一，在考虑金融稳定因素在货币政策效果传导至实体经济过程中起到了怎样的作用时，本书首先构建了一个金融稳定指数，并通过与实际情况进行对照，证明了金融稳定指数在一定程度上能够很好地反映出我国金融体系的稳定程度，并且在分析不同阶段金融稳定指数波动的原因时，该指数的基础性指标也能对其进行合理的解释；而在进一步考察货币政策对实体经济的直接效应与间接效应过程中，通过重点分析货币政策传导效应我们发现，货币政策一方面通过金融体系渠道对经济增长带来反向冲击效应，另一方面还通过金融稳定的反馈作用抑制了货币供给的增长，从而降低了货币政策的直接效应，且间接效应在短期内的抑制作用更加显著。

第二，在分析金融稳定因素是否应当作为目标予以盯住这一问题时，本书发现，从金融稳定指数的波动情况来看，无论是波动幅度还是波动频率，较货币存量而言都更加显著。如果货币当局将金融稳定作为一个明确的货币政策目标予以盯住，那么货币当局在制定政策时，很有可能随着金融体系稳健水平的变化而频繁发生改变，一方面会加大政策的制定与实施成本，另一方面也会使公众对货币政策的预期效果大大减弱，不利于对经济参与者的预期引导。本章的这一观点与美联储前主席耶伦（Yellen）在2014年华盛顿召开的国际货币基金会议上提出的观点基本相同。她认为："货币政策在实现金融稳定目标时具有很大的局限性，其对金融稳定产生作用的效果也不如金融监管政策那样显著。货币政策的首要目标仍然是实现通胀与就业的稳定，如果通过调整利率水平来维持金融稳定目标，就必然会加大通胀水平与就业水平的波动，进而加大宏观经济波动。"因此，货币政策不应当将金融稳定作为一个明确的目标予以盯住。

随着金融体系的迅速发展，金融体系的稳健性已然成为货币当局在制定政策过程中不可忽视的重要因素。货币当局仅关注货币稳定，无法实现经济稳定增长。金融体系的存在，导致在金融加速器机制下货币政策的实施通过直接与间接效应对长期政策目标共同产生影响，而这当中，间接效应对直接效应在短期内有一定的促进作用，但长期来看这种作用开始出现反转，形成了抑制效应。如果货币当局忽视了间接效应所带来的抑制作用，将会在很大程度上降低货币政策的实施效率。因此，货币当局在制定与实施货币政策过程中，必须将金融稳定作为货币政策的重要影响因素予以考虑，化被动为主动，提前评估货币政策间接效应对直接效应的抑制作用，利用多样化的货币政策工具提高金融体系稳健性，以提高货币政策效率。

第四章 金融稳定约束下中国货币稳定目标的实现路径

上一章通过构建一个能够衡量中国金融体系运行稳定性的金融稳定指数，对中国近年来金融体系的稳健性进行了有效评价，同时通过构建一个TVP-VAR模型，考察了货币政策实施过程中对金融稳定的影响作用，研究发现金融稳定因素对货币政策的实施效果（特别是对实体经济的影响结果）有着十分显著的影响，这说明货币当局在制定货币政策时应当重点考虑金融稳定因素的作用。但考虑到金融稳定水平变化的频繁性，如果货币政策将金融稳定作为一个明确的最终目标予以盯住，又会带来巨大的政策制定成本，不利于维持原有的政策效率。因此，金融稳定因素在货币政策框架内更多地应当作为监测指标而非政策目标，货币政策仍然应当以货币稳定作为最终目标予以盯住。针对货币稳定，货币当局应当如何在考虑金融稳定的约束下选择最优的货币稳定指标，就成为本章重点需要研究的内容。

第一节 货币稳定作为中国货币政策目标的必要性分析

一、货币稳定作为中国货币政策框架中首要目标的必要性

中国的货币政策目标主要包括四大方面：充分就业、经济增长、币值稳定与国际收支平衡。从中国货币政策实践演变过程来看，货币政策主要在经济增长与币值稳定两大目标之间进行权衡。从长期来看，无论最终会采取单一目标制还是双重目标体系，货币当局都应当将货币稳定作为货币政策的首要目标。

从传统的经济学理论学派观点来看，新古典经济学派认为在短期内经济波动是由技术进步的冲击和政府消费支出的波动所带来的，而不是货币

扰动或名义指标导致的。如图 4.1 所示，LM 曲线不变，IS 曲线具有随机波动性，此时的主要冲击因素来自实体经济部门。在开放经济条件下，当货币环境相对稳定时，汇率预期也相对稳定，若国外利率水平固定，则根据非抛补利率平价，国内利率也维持在稳定水平。当利率不变时，随着 IS 曲线的移动，收入在 Y_1 和 Y_5 之间移动，若货币币值不稳定使利率水平也发生波动，随着 IS 曲线的移动，收入将在 Y_2 和 Y_4 之间徘徊。在这种情况下，货币稳定所带来的实际收入变动幅度要大于不稳定条件下所带来的实际收入的变动幅度。新凯恩斯主义认为，由于价格工资存在刚性，货币冲击也会引起产出波动。蒙代尔—弗莱明—多恩布什分析框架的一个重要结论就是，在黏性价格和浮动汇率制度下，货币冲击可能影响实体经济，导致价格和产量的大幅变动和调整时间的延长。如图 4.2 所示，IS 曲线不变，LM 曲线是不稳定的，表明冲击来自货币部门，在货币稳定特别是汇率条件下，利率稳定在 i_1，收入稳定在 Y_2，当货币不稳定，特别是汇率波动时，随着 LM 曲线的移动，收入在 Y_1 和 Y_3 之间移动。

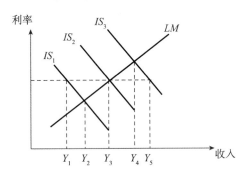

图 4.1　实际冲击和收入不稳定性

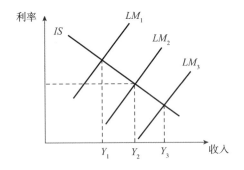

图 4.2　货币冲击和收入不稳定性

在中长期，对于经济增长而言，在生产函数为 $Y = f(k)$ 的经济增长模式下，产出水平的提高不仅受传统的人口与技术两大外生变量影响，更是通过相关的内生特征产生作用。图 4.3 中，K 表示的是单位工人的资本存量，Y 表示的是单位工人产出，而生产函数 $f(k)$ 的切线斜率表示的是投资收益率。由图 4.3 可知，在货币稳定条件下，经济系统内的系统性风险也会相应降低，实际利率也会随之降低，而资本产出的均衡水平由 A 向 B 移动，最终使新稳态水平上单位工人资本存量与单位工人产出水平都上升。

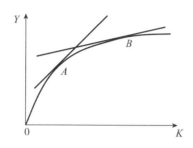

图 4.3　交易风险降低的稳态增长效应

上述理论模型说明，货币当局在使用相应的政策工具实现货币稳定目标时，会由于系统性风险的降低而促使实际利率下降，为经济增长降低成本。与此同时，在货币稳定条件下，外部冲击所导致的货币环境与经济环境波动更加显著，不仅有助于货币当局迅速识别，也能更方便政策制定者及时调整策略，提高政策的实施效率。

二、实现货币稳定目标的可选择指标

从实际的政策操作情况来看，货币稳定目标的指标选择空间主要包括消费者价格指数（CPI）、生产者价格指数（PPI）以及 GDP 平减指数。

消费者价格指数是当前宏观经济系统中使用最为频繁、用于衡量通胀水平的数据指标之一，它主要体现的是一国的家庭消费者购买的商品与服务的一般性价格水平变化情况。消费者价格指数通过调查市场上出售的商品与服务的最终价格，在整个经济系统的价格体系中占据着十分重要的地位，同时也是政策制定者长期关注的通胀指标之一。一般来说，消费者价格指数的变化能够反映宏观经济的通胀水平变化，而当消费者价格指数持续上涨时，可以认为经济系统正处于通胀时期。

生产者价格指数作为衡量企业生产成本的重要数据，体现的是企业生产产品的出厂价格变化情况的一种指数。作为反映生产领域价格变化的重要指标，它衡量了商品在不同生产阶段的价格变化程度。与消费者价格指数不同，生产者价格指数具有一定的滞后性，许多学者认为这种特性使 PPI 能够作为预测未来通胀水平的重要指标而予以高度关注。此外，PPI 并非一个单一的指数，而是一个指数簇，包括原材料、中间品和最终产品三个不同阶段的指数，其中最终产品核算出的指数是市场报告中常见的代表 PPI 的指数，称为产成品 PPI。这一指数反映的是产出的商品被运到零售商之前的最终状态。

GDP 平减指数是基于国内生产总值、利用统计方法测算出的，能够在一定程度上代表宏观系统通胀水平的一种指数。它的具体算法为剔除物价变动前的 GDP 变化率除以剔除物价变动后的 GDP 变化率。由于这一指数涉及的标的物不仅包括全部的商品和服务，也包括生产资料、劳务、进出口商品和资本等，因此更能够全面、准确地反映出一国的一般物价水平走势。然而，GDP 平减指数的编制与计算方法相较前两种指数更为复杂，数据搜集难度更大，因此其时效性要弱于前两种指数。在现行情况中，许多国家对 GDP 平减指数都是每年编制一次，以此来判断经济系统中长期物价水平的波动情况；而在短期内，政策制定部门还是更倾向于通过频度稍高的 CPI 与 PPI 来对短期的通胀水平波动进行判断，以期迅速作出合理反应。

第二节　含有金融稳定约束与消费者定价约束的 DSGE 分析

一、生产者与消费者定价约束下的通胀指标选择

在动态考察宏观经济波动问题时，货币稳定目标往往受到政策制定者与经济参与者的广泛关注。在市场经济体制下，价格指标可以十分明确地反映市场供求关系变动的信息，从而进一步指导政策制定者和经济参与者采取下一步的行动。在中央银行的货币政策框架中，价格水平的监测始终占据着不可动摇的核心地位，无论是欧美等金融发达国家，还是印度、巴西这样的发展中国家，它们都密切关注价格水平的变化。即使当前中国面

临着经济增长速度放缓的风险，中央银行也由于价格水平的相对稳定而没有放松政策。

在价格指标选择过程中，政策制定者（特别是实施通胀目标制的国家）往往在盯住 CPI 还是 PPI 之间存在争议。在过去很长一段时间内，大部分中央银行一般将 PPI 作为价格指标的替代指标进行监测，其主要原因在于 PPI 指数反映生产环节的价格水平，具有较高的市场敏感度，而中央银行在监测 PPI 指数时，更能够把控价格水平的变化趋势，从而提高决策的准确率。随着经济全球化的迅速推进，汇率波动在国际贸易过程中的作用越发显著，各国的商品生产部门（特别是进出口企业）在商品定价过程中，其定价行为也开始由生产者货币定价（Producer Currency Pricing，PCP）转变为消费者货币定价（Local Currency Pricing，LCP）。生产者货币定价实质上是一种通过出口商国家货币进行计价的定价方式，此时汇率波动对最终消费者的传递效应是完全的，即一价定律成立；消费者货币定价事实上是一种通过进口商国家货币进行计价的定价方式，出口商制定商品价格时不考虑汇率波动影响，可以充分利用价格歧视策略获取最大收益，此时一价定律不成立。中国在国际贸易体系中的地位逐步提高，在对外贸易过程中，本国厂商也逐渐掌握了更多的商品定价权。对于厂商自身来说，通过价格歧视所获得的垄断利润必然高于一般竞争条件下获得的一般利润，因此中国的厂商开始更多地通过消费者货币定价模式进行商品定价。一旦厂商的定价模式发生改变，必然会对整个宏观经济带来影响，而中央银行仍然维持以 PPI 为核心的价格指标体系是否合理，便成为下一步需要研究的重要问题。

从现有文献整理情况来看，Gali 和 Monacelli（2005）构建了一个生产者货币定价模式下的小型开放经济动态随机一般均衡模型，并对盯住 PPI、盯住 CPI 以及固定汇率制度三种货币政策进行了比较，发现只有盯住 PPI 的货币政策与中央银行的最优货币政策最为接近。Benigno（2006）在 PCP 定价模式下构建了一个两国动态随机一般均衡模型，也证明了盯住 PPI 的货币政策能够使福利成本函数达到最小值，从而使中央银行的效用最大化。然而，由于存在大量实证数据的支持，一些涉及新开放宏观经济模型（NOEM）的论文开始将重心放在消费者货币定价条件下的最优货币政策分析上。Monacelli（2005）在 Gali（2005）DSGE 模型的基础上利用消费者货币定价条件构建了一个含有一价定律缺口因素的新凯恩斯菲利普斯曲线

（New Keynes Phillips Curve，NKPC），并通过这一曲线说明了最优货币政策无法实现产出缺口与通胀之间的权衡关系，这一结论与 Gali（2005）恰恰相反。同时，他还强调，由于在新凯恩斯菲利普斯曲线中包含了一价定律缺口因素，最优货币政策应当盯住一价定律缺口。Devereux、Lane 和 Xu（2006）证明了 CPI 指数的稳定与不可贸易品价格稳定和固定汇率制度相比，更能够实现家庭部门效用最大化。Devereux 和 Engel（2003）通过构建一个含有最优货币政策条件的动态随机一般均衡模型，证明了在消费者货币定价条件下实行固定汇率制度能够使福利成本达到最小，因此中央银行盯住汇率波动才是最优货币政策。Corsetti、Dedola 和 Leduc（2007）在模型中同时引入上游企业和下游企业后，发现货币政策在盯住 CPI 时能够实现家庭效用最大化。他们进一步通过对多种政策制度进行比较，发现完全盯住 CPI 通胀目标符合最优货币政策，同时也能实现福利成本最小，但他们也暗示完全盯住名义汇率并不意味着 CPI 将会完全稳定，同时他们也并未明晰通胀与产出缺口之间的关系。在国内，贺力平、樊纲和胡嘉妮（2008）通过中国的实际数据证明了 CPI 对 PPI 存在单向的引导作用，间接证明了中央银行实施盯住 CPI 政策的可行性。侯成琪、龚六堂和张维迎（2011）借用 Bryan 和 Cecchetti（1993）的观点，提出 CPI 通胀率包含由非货币事件所造成的暂时性噪声，使 CPI 通胀率不适合作为货币政策的通胀目标。他们认为，在 CPI 通胀率的基础上利用统计的方法去掉 CPI 通胀率中的暂时性波动因素，提取其中的核心 CPI 通胀率作为通胀目标将更具说服力。还有一部分国内学者，如王雅炯（2012），张焕明（2012），陈刚（2013），李永宁、黄明皓、郭玉清、郑润祥（2013）以及刘明（2014）等在利用通胀指标进行实证检验时，都将 CPI 作为通胀指标的替代数据，但他们并没有阐述用 CPI 作为通胀指标的合理性。

从实际情况来看，国内大部分文献对于通胀指标的选择并没有十分深刻的理论依据，特别是在现代宏观经济理论框架逐步开始重视微观基础的条件下，从微观层面分析通胀指标选择的合理性显得尤为重要。为明确在消费者货币定价模式下应盯住哪种通胀指标（CPI 还是 PPI），同时确定金融稳定在经济运行过程中的重要作用，本书构建了一个含有金融稳定约束的 DSGE 模型来设置一个两国经济系统，旨在剖析金融体系稳健性变化对经济系统运行的影响差异，同时论证中央银行通胀目标由 PPI 转向 CPI 的合理性，为中央银行货币政策目标体系的改进与修正提供理论基础。

二、金融稳定约束下经济部门的最优行为选择

基于 Monacelli（2005）构建的小型开放模型，同时借鉴张卫平（2012）关于开放经济条件下贸易开放度的分析，我们构建了一个两国的经典 DSGE 模型，将名义价格刚性与不完全竞争因素纳入模型，并且满足所有商品都是可贸易品的假设。

假设该经济系统包含了两个对称的国家——A 国和 B 国。A 国生产的一系列差异化产品为 h，$h = [0, n]$；而 B 国生产的一系列差异化产品为 f，$f = (n, 1]$。在本国货币定价条件下，由于一国的厂商可以分别对在本国出售的商品和外国出口的商品进行差别性自主定价，因此一价定律不成立，但购买力平价成立①，即 $P_t(h) = e_t P_t^*(h)$，$P_t(f) = e_t P_t^*(f)$ 不一定成立；进一步地讲，$P_{A,t} = e_t P_{A,t}^*$，$P_{B,t} = e_t P_{B,t}^*$ 也不一定成立（所有 B 国变量符号均加上 *）。其中，$P_t(h)$ 表示以 A 国货币计价的 A 国生产的一般商品价格，$P_t(f)$ 表示以 B 国货币计价的 B 国生产的一般商品价格，$P_{A,t} = \left[\left(\frac{1}{\omega} \right) \int_0^n P_t(h)^{1-\varepsilon} \mathrm{d}h \right]^{\frac{1}{1-\varepsilon}}$ 和 $P_{B,t} = \left[\left(\frac{1}{1-\omega} \right) \int_n^1 P_t(f)^{1-\varepsilon} \mathrm{d}f \right]^{\frac{1}{1-\varepsilon}}$ 分别表示 A 国与 B 国的价格指数。e_t 表示名义汇率，ε 表示一国产品之间的替代弹性，且 $\varepsilon > 1$。

1. 家庭部门

我们首先构建 A 国代表性家庭的效用函数：

$$U = E_0 \sum_{t=0}^{\infty} \beta^t \left[\frac{1}{1-\sigma} C_t^{1-\sigma} - \frac{1}{1+\varphi} L_t^{1+\varphi} + \frac{\chi}{1-\partial} m_t^{1-\partial} \right] \tag{4.1}$$

其中，C 表示消费，L 表示劳动，m 表示实际货币余额数量，E_0 表示预期，$\beta \in (0,1)$ 表示贴现因子，σ 表示相对风险规避系数，φ 表示劳动供给弹性的倒数，∂ 表示实际货币余额的需求弹性。C_t 表示个人消费：$C_t = \left[\omega^{\frac{1}{\eta}} C_{A,t}^{\frac{\eta-1}{\eta}} + (1-\omega)^{\frac{1}{\eta}} C_{B,t}^{\frac{\eta-1}{\eta}} \right]^{\frac{\eta}{\eta-1}}$，其中 $C_{A,t} = \left[\left(\frac{1}{\omega} \right)^{\frac{1}{\varepsilon}} \int_0^n C_t(h)^{\frac{\varepsilon-1}{\varepsilon}} \mathrm{d}h \right]^{\frac{\varepsilon}{\varepsilon-1}}$，

---

① 一价定律与购买力平价之间并不存在冲突，一价定律表示的是某一种商品在两国出售的价格用统一货币表示时应当是相等的，而购买力平价表示的是一揽子商品的价格指数用同一种货币表示时应当相等。因此，当购买力平价成立而一价定律不成立时，一种商品通过价格歧视所获得的额外收益将会被另一种或一揽子商品由于价格歧视所遭受的损失抵消。

$$C_{B,t} = \left[\left(\frac{1}{1-\omega} \right)^{\frac{1}{\varepsilon}} \int_n^1 C_t(f)^{\frac{\varepsilon-1}{\varepsilon}} \mathrm{d}f \right]^{\frac{\varepsilon}{\varepsilon-1}}$$ ，它们表现为 Dixit 和 Stiglitz（1977）指

数的形式。η 表示 A 国与 B 国之间商品的替代弹性。$1 - \omega$ 表示进口商品在本国篮子中的权重，它取决于国外的经济规模以及本国的贸易开放程度。

在 A 国，家庭部门的预算约束为

$$M_{t-1} + B_t + W_t L_t - Z_t - P_t C_t \geqslant \sum \mu(s_{t+1} \mid s_t) B_{t+1}(s_{t+1}) + M_t \quad (4.2)$$

其中，μ 表示动态折现因子，B_t 表示家庭购买债券投资组合的名义收益，$\mu(s_{t+1} \mid s_t)$ 表示家庭拥有在自然状态为 s_{t+1} 下索取 B_{t+1} 单位本币的权利，M_t 表示名义货币余额，W_t 表示名义工资，Z_t 表示税收。以上预算约束说明，家庭的债券投资组合收益与劳动工资收入的总和在剔除税收后一定不能低于家庭的消费与投资支出。进一步定义消费者价格指数 CPI 为 $P_t = \left[\omega P_{A,t}^{1-\eta} + (1-\omega) P_{B,t}^{1-\eta} \right]^{\frac{1}{1-\eta}}$，其对数线性化并转变成为通胀的形式后可得

$$\pi_{CPI,t} = \omega \pi_{A,t} + (1-\omega) \pi_{B,t} \quad (4.3)$$

其中，$\pi_{CPI,t} = P_t - P_{t-1}$，表示 A 国生产商品的物价变化，即 A 国 CPI 指数，它是由国内生产并在国内销售的商品价格变动 $\pi_{A,t}(P_{A,t} - P_{A,t-1})$ 和国外生产并在国内销售的商品价格变动 $\pi_{B,t}(P_{B,t} - P_{B,t-1})$ 构成的。

代表性家庭在预算约束的基础上使自身的效用水平达到最大化，得到消费跨期最优行为选择条件和劳动跨期最优行为选择条件：

$$\frac{1}{R_t} = \beta E_t \left(\frac{C_{t+1}}{C_t} \right)^{-\sigma} \left(\frac{P_t}{P_{t+1}} \right)$$

$$C_t^{\sigma} L_t^{\varphi} = \frac{W_t}{P_t}$$

$$\chi m_t^{-\partial} C_t^{\sigma} = \frac{R_t - 1}{R_t} \quad (4.4)$$

第一个式子即为家庭部门的 Euler 方程，表明了代表性家庭的消费跨期最优行为选择条件。其中，R 表示名义利率，且 $R_t^{-1} = E_t(\mu_{t,t+1})$。第二个式子为家庭的劳动跨期最优行为选择条件，其中 $\frac{W_t}{P_t}$ 表示实际工资。第三个式子为家庭持有货币的最优选择条件。

假设非抛补利率平价条件成立，能够得到国内外利率水平之间的关系：

$$R_t = R_t^* E_t \left(\frac{e_{t+1}}{e_t} \right) \quad (4.5)$$

联立家庭的消费跨期最优行为选择条件与利率平价条件，并经过迭代和对数线性化处理，可以得到基于非抛补利率平价的 Euler 方程：

$$\frac{C_t}{C_t^*} = \tau \, Q_t^{-\sigma} \qquad (4.6)$$

式（4.6）表示代表性家庭的最优风险分担条件，其中 $Q_t = \dfrac{e_t P_t^*}{P_t}$，表示实际汇率；$\tau$ 是迭代过程中的动态系数，它的取值由 C_0 决定。将式（4.6）进行对数线性化处理，得到基于非抛补利率平价的家庭最优风险分担条件的对数线性化形式：

$$C_t - C_t^* = \frac{1}{\sigma} q_t \qquad (4.7)$$

其中，q_t 表示实际汇率的对数线性化形式。从式（4.7）可以看出，A 国与 B 国之间的消费缺口取决于实际汇率，当实际汇率上升时，意味着 A 国货币贬值，此时消费缺口将会增大；当实际汇率下降时，意味着 A 国货币升值，此时消费缺口将会缩小；当一价定律成立时，实际汇率为零，表明国内商品价格与国外商品价格在以相同货币计价时相等，不存在消费缺口。

2. 厂商部门

关于厂商部门的定价行为，我们主要借鉴黄志刚（2009）对厂商行为的刻画，并在他的厂商部门定价行为基础上进行改进。黄志刚将本国企业分为非贸易部门与出口部门，其中非贸易部门生产的商品仅在国内销售，出口部门只负责生产出口商品。随着企业对外交流程度的逐步加深，其商品生产不会只用于出口或内销，因此我们假设厂商部门生产的商品同时销往国内和国外，其获得的利润也由国内和国外两部分构成。

假设产品市场处于垄断竞争环境，且每个生产厂商通过一种线性的技术来生产可以区分的商品，因此厂商的生产函数用公式表示如下：

$$Y_t(h) = A_t L_t(h) \qquad (4.8)$$

其中，A_t 表示 A 国的生产技术，且该技术具有随机特性，服从 AR（1）分布。与完全竞争厂商不同，垄断竞争厂商除了面临技术约束外，还面临需求约束，即在 $Y_t = C_t$ 的条件下，可以得到市场整体的商品需求约束：

$$Y_t(h) = C_t(h) + C_t^*(h) \qquad (4.9)$$

进一步地，我们假设厂商在定价过程中使用 Calvo 定价模型，用参数 θ

表示每一期不能调整价格的企业的比例。此外，我们还假设每个厂商都能够对生产的产品实施国内外的价格歧视策略，这意味着厂商对国内销售商品的定价与国外销售商品的定价在用同一种货币衡量时存在差别。因此，厂商需要在技术约束［式（4.8）］和商品需求约束［式（4.9）］下选择最优的定价 $\widehat{P}_{A,t}$ 和 $\widehat{P}_{A,t}^*$，以及边际成本 MCN_t，使其国内和国外销售利润的和最大，用式子表示如下：

$$\max_{\widehat{P}_{A,t},\widehat{P}_{A,t}^*} \sum_{k=0}^{\infty} \theta^k E_t \left\{ \begin{array}{l} \mu_{t,t+k} \left(\dfrac{\widehat{P}_{A,t}}{\widehat{P}_{A,t+k}}\right)^{-\varepsilon} C_{A,t+k} \omega \left[\widehat{P}_{A,t} - MCN_{t+k} - \gamma^s (\delta_t)^2\right] \\ + \mu_{t,t+k} \left(\dfrac{\widehat{P}_{A,t}^*}{\widehat{P}_{A,t+k}^*}\right)^{-\varepsilon} C_{A,t+k}^* (1-\omega) \left[e_{t+k} \widehat{P}_{A,t}^* - MCN_{t+k}\right] \end{array} \right\}$$

$$(4.10)$$

$\widehat{P}_{A,t}$ 和 $\widehat{P}_{A,t}^*$ 分别表示 A 国生产的商品在 A 国的出售定价和 A 国生产的商品在 B 国的出售定价，MCN_t 为 A 国厂商的名义边际成本。$\gamma^s(\delta_t)^2$ 表示的是金融不稳定所造成的损失成本，可以理解为当金融体系稳定性减弱时，企业的外部融资成本会进一步提高，从而使企业的总体利润遭受损失。由于本国货币定价条件与国内外商品定价歧视条件的存在，厂商能够对国内外销售的商品自主定价，因此可以分别求得国内外商品的最优定价方程（一阶最优条件）：

$$\widehat{P}_{A,t} = \frac{E_t \sum_{k=0}^{\infty} \omega \theta^k \mu_{t,t+k} \zeta MC_{t+k}^n (P_{A,t+k})^{\varepsilon} C_{A,t+k} \gamma^s (\delta_t)^2}{E_t \sum_{k=0}^{\infty} \omega \theta^k \mu_{t,t+k} (P_{A,t+k})^{\varepsilon} C_{A,t+k}}$$

$$\widehat{P}_{A,t}^* = \frac{E_t \sum_{k=0}^{\infty} (1-\omega) \theta^k \mu_{t,t+k} \zeta MC_{t+k}^n (P_{A,t+k}^*)^{\varepsilon} C_{A,t+k}^* \gamma^s (\delta_t^*)^2}{E_t \sum_{k=0}^{\infty} (1-\omega) \theta^k \mu_{t,t+k} (P_{A,t+k}^*)^{\varepsilon} C_{A,t+k}^*} \quad (4.11)$$

其中，$\zeta = \dfrac{\theta}{\theta-1}$，$\mu_{t,t+k} = \beta^k \left(\dfrac{C_{t+k}}{C_t}\right)^{-\sigma} \dfrac{P_t}{P_{t+k}}$。设 $P_{p,t}$ 表示 A 国的 PPI 指数，则 $MC_t = \dfrac{W_t}{A_t P_{p,t}}$ 表示实际边际成本，且名义边际成本 $MCN_t = P_{p,t} MC_t$。进一步定义 $P_{p,t} = \omega P_{A,t} + (1-\omega)(\Delta \widehat{e}_t + P_{A,t}^*)$，则将其表示成价格变动的形式：

$$\pi_{PPI,t} = \omega \pi_{A,t} + (1-\omega)(\Delta \widehat{e}_t + \pi_{A,t}^*) \quad (4.12)$$

中央银行货币政策的主要目标包含稳定物价与经济增长，在分析经济增长问题时，往往需要考察产出缺口对经济增长的重要作用，因此我们从厂商的角度进一步考察决定产出缺口的重要变量——潜在产出水平的推导。已知黏性价格条件下实际边际成本方程为

$$MC_t = C_t^\sigma L_t^\varphi A_t^{-1} \left(\frac{P_{p,t}}{P_t}\right)^{-1} = Y_t^{\sigma-\varphi} A_t^{\varphi-1} \left(\frac{P_{p,t}}{P_t}\right)^{-1} \tag{4.13}$$

在弹性价格条件下，实际边际成本方程变成

$$\frac{1}{\zeta} = \bar{Y}_t^{\sigma-\varphi} A_t^{\varphi-1} \left(\frac{P_{p,t}}{P_t}\right) \tag{4.14}$$

这里，实际边际成本变成了一个定值，其中 $\bar{Y}_t$ 表示 A 国潜在产出，可以利用稳态求解方法得到潜在产出水平（对数线性化形式）：

$$\bar{y}_t = \frac{\left[\eta\left(\sigma + \frac{\varphi}{\omega}\right) + 1\right]\left[\frac{\eta}{\omega}(1+\varphi)\right]a_t - (\sigma\eta - 1)\left[\eta\left(\sigma + \frac{\varphi}{\omega}\right) + 1\right]a_t^*}{\left[\eta\left(\sigma + \frac{\varphi}{\omega}\right)\right]^2 - (\sigma\eta - 1)^2}$$

$$\tag{4.15}$$

式（4.15）说明 A 国的潜在产出水平不仅取决于国内的生产技术，由于经济的外向性，国外生产技术的变化也会对 A 国的潜在产出带来影响。我们将产出缺口定义为实际产出对潜在产出的偏离，即 $X_t = \frac{Y_t}{\bar{Y}_t}$，对数线性化后记为

$$x_t = y_t - \bar{y}_t \tag{4.16}$$

3. 贸易条件

赵玉敏、郭培兴、王婷（2002）认为贸易条件是衡量一国在一定时期内的出口盈利能力（相对于进口）的重要指标。在开放经济条件特别是两国经济模型设定下考察货币政策的实施对贸易条件的影响效果，有助于体现货币政策的效率问题，从而判断最优货币政策的合理性。赵玉敏、郭培兴、王婷（2002）将贸易条件定义为一国出口与进口的交换比价，用公式表示为 $T_t = \frac{P_{B,t}}{e_t P_{A,t}^*}$，将其进行对数线性化处理得：

$$\widehat{T}_t = P_{B,t} - \widehat{e}_t - P_{A,t}^* \tag{4.17}$$

其中，$\widehat{T_t} = \ln T_t$。将式（4.17）和商品的消费需求方程①代入市场商品约束条件，对数线性化后可得：

$$y_t = c_t \omega \eta \, \widehat{T_t} + (1 - \omega)(\eta - \frac{1}{\sigma}) \, q_t \tag{4.18}$$

式（4.18）表示 A 国在消费者货币定价模式下含有贸易条件因素的商品约束方程，用同样方法也能够得到 B 国在消费者货币定价模式下含有贸易条件因素的商品约束方程。将两国的市场出清方程联立可解得：

$$\widehat{T_t} = \frac{1}{\eta}(y_t - y_t^*) - q_t \tag{4.19}$$

式（4.19）清楚地说明了贸易条件与相对产出之间的关系：当 A 国产出高于 B 国产出，且汇率不变时，A 国贸易条件将会改善；当 A 国产出低于 B 国产出，汇率条件不变时，A 国的贸易条件将会恶化。

4. 中央银行部门

在建立中央银行政策模型过程中，我们构建最优货币政策目标规则来实现货币政策目标。本书假设中央银行制定和实施货币政策主要基于以下三点目标：稳定通胀水平、稳定产出以及稳定贸易条件。参考张卫平（2012）对最优目标规则的设定，我们首先构造最优货币政策的拉格朗日目标函数：

$$L = \frac{1}{2} E_0 \sum_{k=0}^{\infty} \beta^t \left\{ \begin{array}{l} \frac{1}{2}\left[\pi_{CPI,t}^2 + \frac{\kappa}{\in}(x_t - x^*)^2 + \varPhi \, (\widehat{T_t} - \overline{T_t})^2 \right] + \\ MC_t \left[\pi_t - \beta \, \pi_{t+1} - \kappa \, x_t \right] \end{array} \right\}$$
$$\tag{4.20}$$

其中，$\varPhi$ 表示损失函数中贸易条件的灵敏程度；$x^* = \dfrac{1 - \xi^{-1}}{\sigma + \varphi}$，表示产出缺口的目标值；$\overline{T_t}$ 表示稳态条件下的贸易条件；$\kappa = \dfrac{(1 - \theta)(1 - \beta\theta)(\sigma + \varphi)}{\theta}$。

式（4.20）反映了中央银行在制定货币政策时的政策取向：尽可能维持低通胀水平、减少平均产出缺口以及使贸易条件尽可能保持在完全产出情况。

---

① 根据任意商品在预算约束下的最优分配原则可得 A 国商品的需求方程：$C_t(h) = \frac{1}{\omega}\left[\frac{P_t(h)}{P_{A,t}}\right]^{-\varepsilon} C_{A,t}$，$C_t(f) = \frac{1}{1 - \omega}\left[\frac{P_t(f)}{P_{B,t}}\right]^{-\varepsilon} C_{B,t}$，进行加总后还可得到国内外加总的商品消费需求方程：$C_{A,t} = \omega(\frac{P_{A,t}}{P_t})^{-\eta} C_t$，$C_{A,t} = (1 - \omega)(\frac{P_{B,t}}{P_t})^{-\eta} C_t$。同理，也可得到国外的对应方程。

在维持低通胀水平方面，我们延续前面的模型假设，即以盯住 CPI 作为操作目标来熨平经济波动。A 国中央银行损失函数的一阶最优条件为

$$\pi_{CPI,t} + MC_t - MC_{t-1} = 0 \tag{4.21}$$

$$\frac{\kappa}{\in}(x_t - x^*) - \kappa MC_t = 0 \tag{4.22}$$

$$\widehat{T_t} - \overline{T_t} = 0 \tag{4.23}$$

式（4.21）、式（4.22）与式（4.23）描述了产出缺口、CPI 以及贸易条件对有效水平偏离的均衡路径。式（4.21）与式（4.22）表示在最优货币政策条件下产出缺口和通胀之间的关系，而式（4.23）则说明使贸易条件偏离完全产出情况的缺口保持稳定是货币政策的最优选择，这一结论与商品之间的替代弹性以及相对风险规避程度无关。式（4.23）表明，当金融体系运行稳定时，金融运行不存在由于摩擦所导致的风险承担损失，此时中央银行的货币损失最小。

5. 政府政策与市场均衡

这里只列出了 A 国经济系统的均衡方程，B 国形式与 A 国一样，这里不再列出。假设政府角度不考虑政府实施购买支出的政策，则政府的预算约束为

$$M_t - M_{t-1} + Z_t = 0 \tag{4.24}$$

中央银行货币政策规则即

$$\pi_{CPI,t} + MC_t - MC_{t-1} = 0 \tag{4.25}$$

$$\frac{\kappa}{\in}(x_t - x^*) - \kappa MC_t = 0 \tag{4.26}$$

$$\widehat{T_t} - \overline{T_t} = 0 \tag{4.27}$$

产品市场均衡为

$$Y_t = C_t \tag{4.28}$$

劳动市场均衡为

$$L_t = \int_0^n L_t(h)\,\mathrm{d}h = \int_0^n \frac{Y_t(h)}{Z_t}\,\mathrm{d}h = \frac{Y_t}{Z_t}\int_0^n \left[\frac{P_t(h)}{P_t}\right]^\eta \mathrm{d}h \tag{4.29}$$

三、模型的参数估计与模拟结果分析

（一）待估计参数的校准取值结果

在构建完整个系统模型后，下一步应当对模型中的各参数进行选取和估计。由于本书主要从定性角度考察中央银行最优货币政策选择的合理性，参数选取的变化只会在数值上有影响，因此主要通过校准的方式选择待估计参数。在参数估计和选取过程中，根据 Obstfeld 和 Rogoff（2005）文献中关于贴现率的设置，本书设 $\beta = 0.995$；家庭部门的消费偏好弹性表示的是消费者在跨期消费时的选择，由于不同国家和地区的消费习惯不同，因此该参数的取值存在不一致，但绝大部分文献的取值均大于1。这里我们主要参考许伟和陈斌开（2009）所校准的消费偏好结果，取 $\sigma = 2$。劳动供给弹性表示家庭对于工作与闲暇的选择，因此该参数的取值也通常大于1，这里参考郭庆旺和贾俊雪（2010）的结果，我们取劳动供给弹性 $\varphi = 1.2$。本国进口商品与自产商品的替代弹性选择方面，参照刘斌（2008）的估计结果，这里取校准值 $\eta = 3$。尽管从对外贸易开放度参数选取方面，不同的外向度决定了技术冲击对两国宏观经济变量影响的对称性，这里为了计算方便，我们假设 A 国和 B 国的贸易开放程度相同，即 $\omega = 0.5$。在价格黏性参数的选择上，运用 Calvo（1983）的方法，我们设 $\theta = 0.91$；而在技术冲击的自回归系数选择上，借鉴 Gerali（2010）的设定方法，我们取 $\rho = 0.65$。

金融不稳定所造成的损失成本 $\gamma^s(\delta_t)^2$，主要受参数 γ 和代表金融稳健性的 δ 影响。为方便模拟，可以将 δ 用上一章测算的金融稳定指数进行替代，同时取值 $\gamma = 1$。为了考察不同金融体系稳健程度对经济系统运行的影响差异，我们分别取 $\delta = 0.2$、$\delta = 0.4$、$\delta = 0.6$，比较这三种不同情况对最终模拟结果的影响，所有参数估计结果如表 4.1 所示。

表 4.1 待估计参数的取值情况

参数	参数定义	参数赋值
β	贴现因子	0.995
φ	劳动供给弹性	1.2
σ	消费偏好的相对风险规避系数	2
η	进口商品与自产商品的替代弹性	1.2
θ	价格黏性程度	0.91
ρ	技术冲击的自回归参数	0.65
ω	对外贸易开放度	0.5
$\gamma^s (\delta_t)^2$	金融稳定指数	0.2/0.4/0.6

(二) 技术冲击对各变量影响情况分析

由于本书主要考察不同金融体系稳健程度下中国最优货币政策的选择及其效果问题，因此重点从本国技术冲击出发，分析一单位本国正向技术冲击将会对各宏观经济变量产生怎样的影响。所有变量的影响结果中，金融稳定指数取 0.4 时变量后为"0"，金融稳定指数取 0.6 时变量后为"1"，金融稳定指数取 0.2 时变量后为"2"。

1. 金融稳定约束下技术冲击对 PPI 与 CPI 的影响效果

由于最优货币政策的盯住目标是通胀水平，因此该部分重点分析技术冲击对 CPI 和 PPI 的影响。图 4.4 显示的是一单位本国正向技术冲击对 PPI 的影响情况，从图中可以看出，A 国的 PPI 先是产生了 1.9 单位的负向冲击，然后迅速提高并超过平稳水平，在第 2 期左右达到 4 单位的峰值，最后缓慢向平稳水平回落，到第 40 期恢复稳态水平；B 国 PPI 指数的波动情况与 A 国恰好相反，首先出现 1.9 单位的正向冲击，并迅速下降，超过平稳水平，在 −4 单位处达到峰值，最后逐步恢复平稳。这表明 A 国技术的正向冲击在盯住 CPI 的最优货币政策条件下不能实现 PPI 的稳定，尽管在短期内会造成 PPI 的大幅波动，但持续时间较短，能够在较短时间内使 PPI 迅速恢复到平稳状态。此外，对于不同的金融稳健水平，金融稳定指数越高，则最终 PPI 的稳态水平也会越高，企业由于定价成本的上升而提高了

PPI 水平。

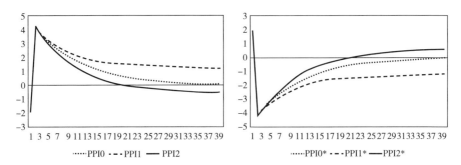

图 4.4　金融稳定约束下 A 国技术冲击对两国 PPI 指数影响情况

再看技术冲击对 CPI 的影响情况。如图 4.5 所示，在不同的金融稳健性水平下，A 国一单位正向技术冲击无论对 A 国还是 B 国的 CPI 都没有造成任何波动。主要原因是模型中中央银行部门的最优货币政策将 CPI 作为损失函数中的通胀指标，即中央银行以盯住 CPI 为政策取向，因此可以认为在盯住 CPI 方面，中央银行的最优货币政策是完全有效的。

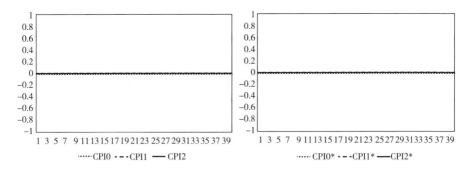

图 4.5　金融稳定约束差异下 A 国技术冲击对两国 CPI 指数影响情况

技术冲击在盯住 CPI 的货币政策条件下呈现出的 PPI 与 CPI 的变化结果可以通过构建新凯恩斯菲利普斯曲线（NKPC）来解释：为方便分析与描述，这里的方程用矩阵的形式表示。联立式（4.8）、式（4.11）、式（4.12）、式（4.13）和式（4.15），我们可以得到一个基于 PPI 的新凯恩斯菲利普斯曲线：

$$\pi_{PPI,t} = \beta E_t(\pi_{PPI,t+1}) + GX_t + HI_t \qquad (4.30)$$

其中，$G = \left\{\dfrac{\omega\delta[\eta(\sigma + 2\varphi) + 1]}{\eta}, \dfrac{(1 - \omega)\delta(\sigma\eta - 1)}{\eta}\right\}, X_t = \begin{pmatrix} X_t \\ X_t^* \end{pmatrix}, H =$

$(\omega, -\omega\beta)$，$I_t = \begin{pmatrix} \Delta e_t \\ \Delta \hat{e}_{t+1} \end{pmatrix}$，$\delta = \dfrac{(1-\beta\theta)(1-\theta)}{\theta}$。

从式（4.30）可以看出，基于 PPI 的 NKPC 由三部分组成：PPI 指数的滞后项、产出缺口 X_t 以及汇率 I_t。名义汇率作为 NKPC 的特殊影响因素，其变动也将使 NKPC 产生漂移：对 A 国而言，当名义汇率上升时，NKPC 将会向右移动；而当名义汇率下降时，NKPC 将会向左移动。在上述方程约束下，中央银行仅盯住 PPI 指数来达到潜在产出水平必须还要实现汇率的稳定，这在很大程度上加大了中央银行货币政策调控的难度。

同理，我们也可以构建一个基于 CPI 的新凯恩斯菲利普斯曲线：

$$\pi_{CPI,t} = \beta E_t(\pi_{CPI,t+1}) + G'X_t \tag{4.31}$$

其中，$G' = \left[\omega\delta(\sigma+\varphi), (1-\omega)\delta(\sigma+\varphi) \right]$。该式由两部分组成：CPI 的滞后项和产出缺口 X_t。基于 CPI 的 NKPC 不包含汇率因素（事实上，这里从客观上已经形成了一种固定汇率制度），因此产出缺口与 CPI 指数之间存在单一的权衡关系，中央银行在这种条件下实施盯住 CPI 指数的政策能够有效地稳定产出缺口，进而保证经济稳定增长。

2. 最优货币政策条件下技术冲击对产出与产出缺口的影响效果

中国人民银行在制定与实施货币政策时，尽管一直把保持物价稳定作为货币政策的首要目标，但"保增长"的客观需求仍然存在。在本书的最优货币政策函数中就充分体现出产出缺口对中国人民银行货币政策的重要性，但稳定产出缺口目标时由于产出缺口数据的不可获得性，中央银行并不能在货币政策目标体系中找出直接的替代指标，只能通过间接盯住某些目标来实现产出缺口的稳定。本书模型中，中央银行正是通过盯住 CPI 而间接实现了盯住产出缺口的目标。

对于两国产出情况来说，图4.6 中 A 国受一单位正向技术冲击，使 A 国产出受到5.3 单位正向冲击，并在此后经过40 期时间缓慢恢复平稳水平；而 B 国在受到 A 国技术冲击后遭受到5.3 单位的负向冲击，直到第20 期才恢复到0 的水平，这与一般经济学理论分析相一致；而在不同的金融稳定指数约束下，产出回归均衡的最终稳态水平存在差异，表现为金融稳定指数越高，产出的稳态水平越高；金融稳定指数越低，产出的稳态水平越低。对于产出缺口而言，A 国与 B 国的产出缺口变化呈完全对称态势（见图4.7）：A 国一单位正向技术冲击为 A 国产出缺口带来3.14 单位正向影响，在随后的40 期内逐步恢复到0 稳态处；B 国受这一技术冲击后，产出缺口出现 3.14 单位负向影响，也在随后的 40 期内回到均衡状态，且金融体系稳健性越高，产出缺口的稳态水平越高。因此，可以得出结论：盯住 CPI 的货币政策在金融体系稳健性越高的情况下，越能够更高效率地在短期内为经济增长提供动力，并在长期实现中央银行的"保增长"目标。

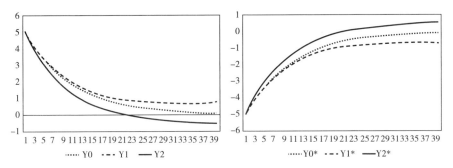

图 4.6　金融稳定约束差异下 A 国技术冲击对两国产出影响情况

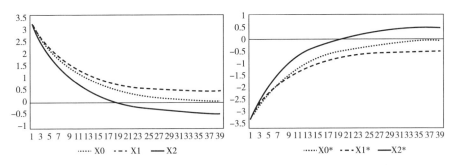

图 4.7　金融稳定约束差异下 A 国技术冲击对两国产出缺口影响情况

上述冲击结果可以通过产出的技术方程解释。联立式（4.4）、式（4.8）、式（4.9）和实际边际成本定义式，我们可以得到含有实际边际成本与技术因素的产出方程：

$$Y_t = A_t^{\frac{1+\varphi}{\sigma+\varphi}} MC_t^{\frac{1}{\sigma+\varphi}} \qquad (4.32)$$

在实际边际成本不变的条件下，产出 Y 与技术 A 之间呈正相关关系，因此 A 国的正向技术冲击必然会对 A 国的产出带来瞬时的正向影响。对于 B 国来说，A 国的正向技术进步意味着 A 国在有限的资源约束下相对 B 国能够生产并消耗更多的商品，所以 A 国的正向技术冲击将对 B 国产出造成瞬时的负向影响，并且基于 $\omega = 0.5$，即在两国贸易开放度完全相同的条件下，二者冲击反应呈对称状。在已求得产出的技术方程后，进一步联立式

（4.15）和式（4.16）可以发现，产出缺口在技术冲击影响下所表现出的反应趋势也与产出相似，只不过由于参数设定的不同，冲击的敏感程度存在差异。

3. 最优货币政策条件下技术冲击对名义汇率、贸易条件和利率的影响效果

图 4.8 反映了技术冲击对名义汇率的影响效果。脉冲响应表现为一条在 0 稳态处的水平直线，说明 A 国技术冲击在金融体系稳健性变化的情况下对名义汇率不会带来任何影响。购买力平价的成立，使国内外消费者计价的商品价格之比与名义汇率相等，而根据上文分析结果可知，中央银行的最优货币政策使 CPI 在技术冲击条件下不发生任何变动，因此名义汇率事实上也不会出现波动。事实上，在消费者货币定价条件下实施盯住 CPI 的最优货币政策，与中央银行实施固定汇率政策的效果是一致的，只不过在本书构建的模型环境下，这种固定汇率制度是一种以附加形式出现的客观结果。在贸易冲击方面，A 国一单位正向技术冲击将会使两国的贸易条件出现 4.8 单位的正向变动，而随后缓慢恢复到稳态，说明本国技术冲击将会在短期内改善贸易条件，但长期来看只要不出现新的冲击，必然会恢复到原有的均衡状态。

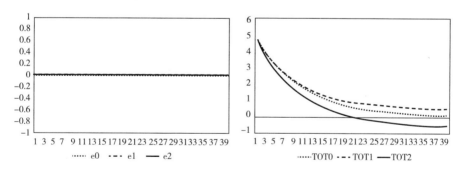

图 4.8　金融稳定约束差异下 A 国技术冲击对名义汇率与贸易条件影响情况

我们从理论层面进一步分析技术冲击对贸易条件的影响。首先，由于购买力平价成立，实际汇率为 1（对数线性化后为 0），那么带入含有相对产出的贸易条件方程（对数线性化结果）可得：

$$\widehat{T}_t = \frac{(y_t - y_t^*)}{\eta} \tag{4.33}$$

由式（4.33）可以看出，贸易条件与相对产出之间存在正相关关系，而根据上文技术冲击对产出的影响效应分析结果可以发现，正向的技术冲击会使 A 国产出增速瞬时增加，B 国产出增速瞬时减少，因此两国的相对产出增速也会增加，最终使贸易条件改善。

最后，考察名义利率的变化情况。由图 4.9 可知，一单位正向技术冲击将会使 A 国利率产生 4.1 单位负向变动，并在随后时间内逐步恢复均衡状态。不同金融体系稳健程度对最终的稳态结果也会产生影响，表现在金融稳定程度越高，恢复到稳态水平的速度越快。这一结果与一般经济学分析的结论相同，而 B 国利率的变化情况与 A 国相同，主要原因是利率平价的成立，使两国的利率之比等于预期汇率的变化，上文证明了技术冲击下名义汇率不会发生改变，因此两国的利率波动将会呈现完全相同的情况。

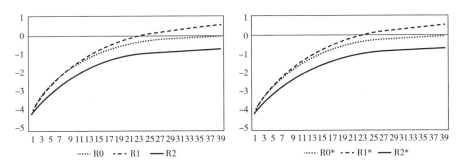

图 4.9　金融稳定约束差异下 A 国技术冲击对两国名义利率影响情况

从实际情况来看，我国厂商的定价行为开始出现由 PCP 定价模式转变成 LCP 定价模式的趋势。基于厂商定价行为的转换，中央银行在选择由商品价格决定的通胀指标时必然会发生改变。通胀指标的选择从本质上是为了实现中央银行物价稳定的货币政策目标，那么选择何种物价指数作为通胀指标将直接关系到货币政策的有效性。本章构建了一个开放经济条件下的两国动态随机一般均衡（DSGE）模型，通过计算中央银行的最优货币政策福利损失，构建了含有汇率因素的新凯恩斯菲利普斯曲线，并考察了技术冲击对宏观经济波动的影响，并得出如下主要结论：第一，金融体系稳健程度变化对整个宏观经济运行效率有十分显著的影响，表现在金融体系稳健程度越高，相关的宏观经济变量在受到技术冲击后回到稳态水平的速度越快，因此维持金融体系稳定能够提升货币政策对宏观经济运行稳定的效率。第二，消费者货币定价条件下的最优货币政策应当是一种盯住 CPI 指数的货币政策。脉冲响应分析结果表明技术冲击对两国的 CPI 指数没有影响，并且能够迅速熨平 PPI 指数出现的短期剧烈反应，这种政策策略能够在一定程度上有效地抑制外部冲击条件下通胀水平的波动。第三，在固定汇率制度下，中央银行选择 PPI 指数作为通胀指标才能够实现货币政策效用的最大化。在新凯恩斯菲利普斯曲线中，PPI 指数的变化不仅取决于产出缺口，还包含了汇率因素，当汇率不发生变化时，产出缺口与 PPI 指数之间才会存在权衡的关系，此时中央银行盯住 PPI 事实上也就是稳定了产出缺口。但实际上，中国的汇率制度自 2005 年起已转变成有管理的浮动汇率制度，且人民币汇率在近十年已升值 20% 左右，因此选择 PPI 指数作为通胀指标已经无法满足实际条件。第四，消费者货币定价条件下的最优货币政策事实上使中央银行盯住 CPI 指标与选择固定汇率制度所得到的结果是相同的。尽管本书没有明确地设置两国汇率制度是固定的还是浮动的，但从模型的模拟运行结果来看，这种最优货币政策事实上就是一种变相的固定汇率制度。从技术冲击的模拟结果来看，本国的技术冲击在最优货币政策条件下并没有使汇率发生任何变化，说明这种盯住 CPI 指标的货币政策变相地盯住了名义汇率。尽管这一结论从实际情况来看并不符合目前中国经济运行的结果，但从长期来看，当人民币汇率达到合意的均衡水平时，必然会出现上述模拟所带来的结果。

四、实证结论与总结

本章重点考察了将货币稳定作为货币政策目标的重要性以及盯住这一目标的相关指标选择问题。从中国的实际情况出发，货币政策在权衡各目标之间的比重关系时，在长期必然会将注意力主要放在货币稳定目标上，这主要是因为：在长期，当所有劳动资源得到充分利用时，实际产出与潜在产出之间的缺口会逐步缩小，此时就业也会基本接近充分就业水平；当人民币跨境使用目标最终实现之后，国际收支的平衡也将通过市场的力量达到稳态。根据以弗里德曼为代表的货币学派观点，货币当局要想维持价格水平或通胀水平稳定，就必须以货币稳定的方式实现这一目标，因此货币稳定是维持整个宏观经济稳定运行的重要保障。从当前形势来看，人们对维持货币稳定目标的监测指标（特别是对通胀水平的监测指标）存在很多争议，各经济体也根据本国的特有因素选择了不同的通胀指标予以监控。本章最后构建了一个含有金融稳定因素的动态随机一般均衡模型，利用我国厂商定价行为发展转变（从 PCP 定价模式转变为 LCP 定价模式）的这一事实，对厂商的生产行为进行全新刻画，并在货币政策的损失函数中加入了金融稳定因素。实证结果发现，无论是中国企业定价模式还是汇率制度的改变，都反映出货币政策能够通过稳定 CPI 实现熨平宏观经济波动的目标，且熨平宏观经济波动的速度取决于金融体系的稳健程度——金融稳定程度越高，宏观经济恢复稳态水平的速度越快。因此，在中国宏观经济调控过程中，要想又快又好地实现货币稳定目标，一方面需要重点关注 CPI 的变化情况，另一方面也要最大限度地维持金融体系的稳定性。但由于本章模型假设的绝对性，货币当局在实际情况中也应当注重 PPI 变化对宏观经济的影响，二者之间的权衡关系取决于企业在 PCP 定价模式与 LCP 定价模式中的权衡。本章通过 DSGE 模型将 CPI 作为货币稳定的代理监测指标，为后文进一步考察操作层面的金融稳定与货币稳定协调提供了数据选择的理论基础。

第五章 货币政策框架下金融稳定与货币稳定的协调策略

货币稳定无论从短期还是长期来看，都应当作为货币政策的一个重要目标予以重视。金融稳定在货币稳定目标实现过程中起到了不可替代的作用，这就使货币当局在维持货币稳定时必须考虑金融稳定对货币稳定的影响作用。从理论上看，金融稳定与货币稳定之间存在短期的矛盾性，这就使货币当局如果想在维持货币稳定的基础上考虑金融稳定因素，就很容易陷入两难的局面。这也是美联储前主席耶伦一再强调金融稳定与货币稳定两个目标应当区分对待的原因。笔者认为，尽管在短期内二者存在一定的矛盾性，但并不意味着货币政策必须放弃考虑金融稳定因素。一方面，宏观审慎政策对金融稳定目标的作用效果目前还无定论，短期内货币当局还应当扮演最后贷款人角色，防止金融体系出现极端的不稳定状况（如爆发金融危机）；另一方面，次贷危机的例子也警示我们，如果货币当局仅仅在金融体系脆弱性达到一个临界状态才采取相应措施刺破资产价格泡沫，并寄希望于危机后的救助行为，只会加快金融危机的爆发速度，对宏观经济带来巨大损失。货币当局应当通过相关预警性指标提前预判到金融体系出现系统性风险的可能性，在已有的货币政策操作规则基础上，提前在金融不稳定情绪进一步蔓延之前采取措施，才能最大限度地阻止金融危机的爆发，从而维持宏观经济的平稳运行。

第一节 理性预期约束下货币政策单一规则与相机抉择比较分析

一、货币政策规则与相机抉择的选择：起源与发展

货币政策规则与相机抉择的争论长期以来都是学术界的重要议题，而

这一问题的讨论主要经历了三个阶段。

1. 货币政策相机抉择优先阶段

这一阶段主要是从 1930 年至 1970 年。由于"大萧条"的出现，凯恩斯学派的学者认为在诸如"流动性陷阱"的极端时刻，经济参与人根本无法通过自身经济行为促使市场出清，只有通过政府强有力的宏观调控政策，才能将市场拉回至原有合理的运行轨道。在这段时期内，这一政策主张在一定程度上也满足了西方国家的政策需要，因而成为各大中央银行的主要操作方式。在这段时期，对货币政策的研究更多地集中在货币存量或利率水平变化对产出、就业以及物价水平的影响上，这些研究结论或成果都在一定程度上为相机抉择提供了更加细致的可操作依据。

然而，在这段时期仍然有对相机抉择的质疑。Simons（1936）从市场角度出发，强调相机抉择的货币政策不具备稳定性，从而加大了市场参与者的经济行为风险，特别是对于以自由企业为主的社会体系而言，使用相对稳定的货币政策规则似乎能够更大限度地提高经济运行效率。Friedman（1968）则基于货币政策的时滞性提出，不同国家的货币政策传导效率存在差异，而宏观经济政策制定者很难通过定量的分析确定某一货币政策的实施在多长时间后才对宏观经济运行起到相应的作用，这就很有可能导致相机抉择的货币政策转变为顺周期操作模式，最终加大了宏观经济波动风险。因此，长期来看，相机抉择不仅无法成为稳定宏观经济的"定海神针"，反而有可能成为经济不稳定的根源。针对这一质疑，凯恩斯学派从货币政策规则的灵活性出发进行辩驳，认为相机抉择能够根据实际情况进行灵活调整，而货币政策规则无法有效预测所有宏观经济波动，从而无法有效识别外部冲击的性质，最终对宏观经济造成巨大波动。但从实际情况来看，大多数国家在选择相机抉择的操作方式时，对随之而来的滞胀问题束手无策，使这一操作模式彻底陷入了被质疑的声音当中。

2. 货币政策规则优先阶段

这一阶段主要是从 1970 年至 1990 年，而货币政策由相机抉择向单一规则转变的重要原因是滞胀问题对相机抉择的制约性。在经济同时出现经济增速放缓与通胀水平快速上升两种情况时，货币当局陷入了两难境地：通过紧缩性政策抑制通胀会进一步对经济发展带来重创，而通过扩张性政策刺激经济则会促使通胀问题更加严重。针对这一问题，Lucas（1976）以及 Sargent（1976）从理性预期角度出发，否定了相机抉择货币政策的合理性。他们认为，正是由于预期因素对未来的经济运行将会带来复杂而重要的变化，预测某一相机抉择的政策效应会变得十分困难。尽管上述学者的研究只是从理性预期角度为驳斥相机抉择操作模式提供了一个明确的方向，但具体如何实施并未提到。Kydland 和 Prescott（1977）在前人研究的基础上强调，正是存在货币政策的时间不一致问题，相机抉择的货币政策操作模式使公众对未来政策的预期产生变化，这将会进一步影响未来价格与工资的变化，最终对社会整体福利水平产生影响。他们将货币政策的动态非一致性引入货币政策分析框架，正式开创了货币政策规则研究的先河。随后，大批学者开始论证货币政策规则实施的必要性，包括 Barro 和 Gordon（1983）、Gerhard（2001）、Mishkin（2010）等，都证明了货币政策规则能够提高政策透明度，增强公众信心，最终为促进价格稳定与经济增长提供有效保障。

3. 相机抉择与单一规则争论的深化阶段

这一阶段主要是从 1990 年至今，随着新凯恩斯主义的迅速发展，相机抉择的支持者在理性预期学派以及货币学派观点结论的基础上进行调整，再次论证了相机抉择对于货币当局制定货币政策的必要性；而单一规则的支持者也从可实践角度出发，为货币当局提供了多样化的规则参考，如泰勒规则、麦克纳姆规则等。随着两大问题的争论持续深化，学界开始发现无论是相机抉择还是单一规则，都在不同情况下存在优势与缺陷：当经济处于平稳运行阶段时，单一规则能更加有效地稳定公众预期，从而保障经济稳健运行的环境；而当经济运行处于特殊阶段（如经济金融危机等）时，相机抉择基于其灵活的操作方式，能够迅速使公众的非理性预期行为重新回归理性，从而避免市场失灵的情况继续恶化，因此政策规则的制定应当注重相机抉择与单一规则的结合。李扬和彭兴韵（2005）通过分析美联储的货币政策调控方式发现，美联储正是遵循着常规环境下的单一规则与特殊环境下的相机抉择这一货币政策框架来制定与实施货币政策。次贷危机更是明确地体现了美联储的这一特性：经济处于平稳期时，美联储主要采取的是以泰勒规则为核心的货币政策框架；而次贷危机爆发后，美联储在流动性陷阱约束下果断采取了极端的量化宽松货币政策并成功扭转了公众非理性预期对原有均衡水平的偏离，使经济有所恢复，正是体现了相机抉择在特殊状况下的重要作用。

二、理性预期约束下货币政策单一规则与相机抉择的权衡

(一) 基本分析框架

首先，我们来看流动性供给。一般来说，基础货币是中央银行向金融机构贷款总额、外汇占款、中央银行各类资产的总和减去政府存款与中央银行发行的债券之和，这就可以确定货币市场的流动性供给主要受货币当局的公开市场操作、财政存款以及外汇占款等因素的影响。这里假设货币市场流动性不随着市场利率的变化而变化，而外汇占款与财政存款取决于经济环境等综合因素，这些因素正是导致货币市场流动性供给产生不确定性的重要影响因素。但货币当局仍能够通过公开市场操作把控全局，通过正回购或逆回购等方式控制整体的流动性供给，最终达到稳定货币市场流动性水平的目标。

其次，我们来看流动性需求。根据凯恩斯的货币需求理论可知，货币需求主要包括交易性需求、预防性需求与投机性需求，这里为了简化分析，我们认为货币市场上的流动性需求主要受交易性需求与预防性需求影响，用公式表示为

$$L^D = L_T^D + L_P^D \qquad (5.1)$$

其中，L_T^D 表示交易性需求，代表了经济参与者日常收付的资金需要，这一需求具有刚性，且日常收付需求越大，表明市场交易需求越大，即 $L_T^D = L_T^D(\tau)$，其中 τ 表示满足日常交易的资金需求率。L_P^D 表示预防性需求，主要用于应对可能出现的负面冲击。由于预防性需求意味着持有的这一部分资金将会承担相应的机会成本，因此这一需求主要受利率影响，且与利率变化呈反向相关。综合两种流动性需求可以发现，总的流动性需求主要受利率影响，利率上升则流动性需求下降，利率下降则流动性需求上升。此外，经济参与者还会根据未来的流动性供给水平调整当期货币需求水平：当经济参与者预计市场未来流动性供给水平相对稳定时，预防性需求不会发生显著变化；但若预计市场的流动性供给将会发生剧烈波动时，经济参与者可能会提升其预防性需求。因此，流动性需求最终可以表示为 $L_P^D = L_P^D(r, L_E^S)$，其中 L_E^S 表示流动性供给预期。

根据流动性供给与流动性需求的假设，我们可以得到货币市场的流动

性均衡状态，即 $L^S = L^D$ 时，货币市场出清，进一步可表示为 $L^S = L^D(r,\tau,$ $L_E^S)$。在理想情况下，货币当局往往能够根据货币市场相关信息制定相应政策，从而有效调整市场流动性水平，而经济参与者能够准确并合理预计货币当局的政策措施，并合理安排交易性与预防性流动性需求，最终使流动性的价格——利率水平保持稳定（见图5.1）。但从实际情况来看，由于信息的不完全性，货币当局根本无法有效确定经济参与者的整体流动性需求，从而无法有效稳定流动性供给水平；经济参与者更加无法预测市场流动性供给情况，从而不得不在外部出现微弱冲击时就大量提升预防性需求，最终导致货币市场利率水平剧烈波动。因此，现实情况下，预期因素成为货币当局能否有效维持货币市场稳定的关键因素。

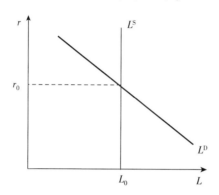

图5.1　货币市场流动性均衡状态

（二）单一规则与相机抉择的具体情况比较分析

由于货币市场的流动性供给变化取决于公开市场操作、财政存款以及外汇占款等因素，这里假设货币市场遭受以财政存款或外汇占款为核心的外部负面冲击影响，同时经济参与者的交易性需求相对稳定，总需求主要受预防性需求影响，考虑货币当局采取单一规则与相机抉择两种方式下货币市场均衡状态的变化差异。

我们首先来看货币当局采取相机抉择操作策略的具体情况（见图5.2）。由于货币市场受到外部冲击，供给曲线 L_0^S 左移至 L_1^S 处，此时经济参与者预计市场流动性可能会减少，必然会增加其预防性需求动机，从而使流动性需求曲线 L_0^D 右移至 L_1^D，均衡利率水平由之前的 r_0 上升至 r_1，流动性水平也由 L_0 降低至 L_1。在相机抉择策略的指导下，货币当局首先会通过公开市场操作等方式增加流动性供给，使其回到 L_0 的水平，但经济参与者无法判断货币当局的这一措施是暂时性的还是永久性的，因此会维持原有预防性需求水平不变（甚至进一步提高需求），此时的均衡利率与流动性供给水平分别为 r_2 与 L_0。对于货币当局来说，其最终目标是使利率水平回到原来的 r_0 水平，这就使在当前状态下继续提升流动性供给至 L_2 处，才能实现这一目标，但这也导致最终流动性供给的均衡水平提升至 L_2^S。在相机抉择的操作模式下，利率水平出现了剧烈波动，同时总供给水平也有所增加，这在一定程度上加大了经济参与者对货币当局操作手法的合理预期难度。

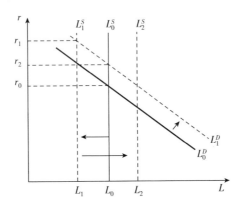

图 5.2　相机抉择下货币市场均衡状态变化

我们再来考虑单一规则策略的模拟结果（见图 5.3）。在单一规则下，货币当局会作出承诺，当利率波动超出均衡水平浮动区间（这个区间一般很小）时，货币当局会果断采取相应措施维持利率水平不变。与相机抉择相同，货币市场出现外部的负面冲击使 L_0^S 左移至 L_1^S，此时均衡水平为 r_1' 与 L_1。然而，在货币当局承诺可信的条件下，经济参与者认为货币当局最终会采取相应行动保持利率水平不变，因此 L_E^S 不会发生变化，而预防性需求也不会因质疑货币当局的决定而显著提升。随着货币当局真正承诺其操作措施，通过提升流动性供给水平使其回归到原有的 L_0 水平，而流动性需求 L_0^D 不变，因而最终货币市场将会恢复原有的均衡水平（L_0，r_0）。这里需要注意的是，经济参与者预防性需求稳定的重要原因在于货币当局承诺的可信性使经济参与者形成了稳定且理性的预期，而一旦货币当局打破承诺，经济参与者与货币当局之间的信任关系破裂，必然也会与相机抉择的结果一样迅速提升自身的预防性需求水平，加大货币市场波动幅度。因此，货币当局采取单一规则策略的核心目的在于强调承诺的可信性，为稳定公众预期奠定基础。

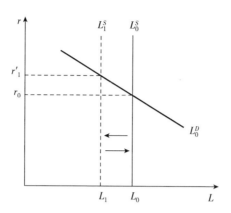

图 5.3　单一规则下货币市场均衡状态变化

通过比较相机抉择与单一规则两种情况的变化结果可以发现，相机抉择条件下货币市场的利率水平在 $[r_0, r_1]$ 的区间内波动，而货币当局要想维持原有利率水平不变，就必须较过去多付出 $L_2 - L_1$ 单位的流动性供给；在单一规则下，货币市场的利率水平在 $[r_0, r'_1]$ 的区间内波动，波动幅度与频率远小于相机抉择条件下的结果，且货币当局仅需付出与负面冲击相对应的流动性即可达到目标，即货币政策的实施成本相对更低。因此，总的比较来看，单一规则下的货币政策操作模式要优于相机抉择。

第二节　金融稳定与货币稳定协调策略的理论基础

一、金融稳定与货币稳定协调的基本操作原则

货币政策在执行过程中，无论是实现哪个目标，都应当通过货币政策的传导机制，遵循基本的操作原则，合理利用相关的政策工具来达到既定目标。在这一过程中，货币政策规则起到了实现货币政策目标的指导作用。对于货币政策规则的内涵，学术界的理解存在一定的差异，因此需要对货币政策规则的内涵进行合理的阐述与解释，这也是为后文制定金融稳定与货币稳定协调的货币政策规则奠定理论基础。

对于货币政策规则，弗里德曼（1969）认为它是一种前瞻性政策工具的使用，这种政策工具的使用是固定不变的；Kydland 和 Prescott（1977）

认为，货币政策规则应当是一种预先承诺的政策机制，在设计货币政策框架时，应当事先向公众表明货币当局的政策规则，且强调这种规则在不出现特殊、重大事件变动的情况下是不会发生任何转变的；泰勒（1993）强调，货币政策规则应当是根据事先制定好的政策规则予以严格实施，但这种规则并不是一种固定不变的手段，在某些时候会根据不同情况进行调整；Svensson（2003）将货币政策规则更多地理解为一种货币政策操作的规范指引，而非一种一成不变的政策制定方案；而麦卡勒姆（2003）、泰勒和Svensson（2003）的观点基本一致，不过前者更加强调这种规则是一种在政策实施性质不变的前提条件下持续可调整的过程；美联储前主席伯南克（2004）认为货币政策规则与相机抉择之间不应该是完全对立的，基于规则的货币政策也应当包括货币当局对多变形势的灵活判断，因此规则中也应当包括相机抉择因素。

尽管许多学者（特别是货币学派）认为，货币政策在遵循某一规则执行时，能够在很大程度上稳定公众预期，从而提高货币政策效率，但从实践情况来看，货币政策规则的实施本身具有显著的不可持续性。从理论上来看，货币政策实施单一规则具有十分严格的前提假设，但在现实经济运行过程中，这些严格的假设前提是很难实现的，而一旦条件发生变化，很有可能使既定的政策规则与目标之间存在更大的偏离，更加不利于货币政策目标的实现。因此，在具体的货币政策操作中，没有中央银行会承诺固定的、机械的甚至一成不变的规则。从弗里德曼最初提出的货币政策单一规则，到工具规则，再到目标规则，货币政策规则的发展路径告诉我们，即使强调规则的单一性和固定性，货币政策规则也应当随着经济环境的变化作出相应的调整。货币政策的目标必须明确并保持相对稳定，但实现目标的方法和途径则可以根据具体经济环境而灵活把握。与此同时，应辅之以良好的透明性，让公众确切了解中央银行是如何实现这一目标的，即货币政策是如何决策的、决策依据是什么等。具体来看，货币政策规则应当包括三个方面。

第一，明确最终目标是货币政策规则的核心内容。任何中介目标如货币供应量、通胀预测等都只是手段而非目的，货币政策的目标必须明确并保持相对稳定。只有界定了明确的货币政策目标，货币政策的实施才有了切实可靠的判定依据。

第二，一旦明确了货币政策目标，就要求中央银行在政策连贯性方面作出努力，始终维持这个目标，这就是货币政策的系统性所在，但这种系统性并不能作为货币政策具体操作的绝对指导，还应当针对环境的变化作出迅速合理的调整，即实现目标的方法和途径可以相机抉择。因此，货币政策的系统性并不表现为每一阶段都执行预先设定的公式或具体承诺，而是要长期坚持既定的目标不动摇。

第三，良好的透明性是货币政策规则不可或缺的内容之一。没有了透明性，任何规则都可能成为一种虚设；反之，如果货币政策的实施是非常透明的，即使没有宣布明确的货币政策规则，中央银行也很难借助通胀政策来人为刺激经济增长。此外，任何规则都可能遭遇意外冲击，这就使货币当局在采取措施时可以对既定的目标作出短暂的偏离决策，并向公众予以具体说明，以取得理解和支持。同时，提高货币政策的透明性，也有助于引导公众预期，使货币政策尽可能保持既定规则与实际操作的一致性，最大限度地提高货币政策效率。

二、金融稳定与货币稳定协调的操作规则分类

从金融稳定与货币稳定协调的操作规则分类情况来看，本书主要借鉴的仍是货币政策规则。Barro（1986）是第一个对货币政策规则进行分类的经济学家，他从政策目标角度出发，认为货币政策规则应当包括数量型政策规则与价格型政策规则两种。其中，数量型政策规则强调中央银行应当将货币供应量作为唯一的盯住目标；价格型政策规则强调的是中央银行将某种价格水平作为唯一的盯住目标，而这一价格可以是利率、汇率或总价格指数等。Svensson（1999e）则基于货币政策整体框架，提出货币政策规则应当包括目标规则和工具规则。目标规则主要强调的是货币政策应当盯住某一中介目标，通过多种货币政策工具的操作实现目标的稳定；工具规则应当是对货币政策工具在操作层面的规范，即将货币政策工具定义为中央银行可获信息的函数，并严格按照这一函数执行货币政策。本章主要介绍弗里德曼规则、麦卡勒姆规则和泰勒规则三种货币政策规则。

（一）弗里德曼规则

作为货币学派的主要代表，弗里德曼不仅继承了芝加哥学派有关货币经济理论的重要思路与观点，更是强调了货币在整个宏观经济体系运行中

的重要地位。基于其提出的恒久收入理论，他认为货币政策应当维持一个固定的货币供给增长率。具体来看，他首先构建了一个货币需求函数：

$$\frac{M}{P} = f\left(y, w, r_m, r_b, r_e, \frac{1}{P} \cdot \frac{\mathrm{d}P}{\mathrm{d}t}, \mu\right) \tag{5.2}$$

其中，M 表示个人的货币存量，P 表示总体物价水平，因此 $\frac{M}{P}$ 表示财富所有者的真实货币需求。等式右边，$y = \frac{Y}{P}$，表示实际收入水平，Y 为名义总收入；w 为财富收入占总收入的比重；$\frac{1}{P} \cdot \frac{\mathrm{d}P}{\mathrm{d}t}$ 表示物价水平的预期变动率；μ 为随机扰动项，表示除收入外影响货币需求的其他变量；r_m、r_b、r_e 分别表示货币、债券、股票的预期收益率。式（5.2）表明，个人的货币需求受三类变量影响：一是个人的财富水平，包括实际收入水平和财富收入比重；二是投资收益率，包括货币、债券和股票的预期收益率；三是其他扰动因素，包括 μ。在不考虑实际收入水平与财富收入比重分配效应的条件下，且 M、y、w 分别表示人均变量，则式（5.2）可认为是人均货币需求函数。

从货币供给方面来看，假设货币当局可以控制货币供给，那么货币供给主要受三大因素影响：基础货币量、存款—储蓄比和存款—通货比。因此，货币供给函数表示为

$$M = h \times \frac{r(1 + c)}{r + c} \tag{5.3}$$

其中，h 表示基础货币，r 为存款—储蓄比，而 c 则为存款—通货比。等式左边的 M 指的是广义货币存量 M_2，这其中应包括现金和活期存款。一般情况下，r 与 c 相对稳定，因此货币当局往往通过调整 h 从而达到调控 M 的目的。式（5.3）说明，货币供给主要是中央银行通过对基础货币的调整而外生可控的。基于货币供给的外生性，其与货币需求之间的关系相对独立，因此货币当局可以通过调整货币供给来实现对名义收入的把控。

基于上述定义与条件假设，弗里德曼提出了不同于相机抉择的弗里德曼规则，具体表达式如下：

$$\Delta m_t = \frac{M_t - M_{t-1}}{M_{t-1}} \times 100\% = \rho \tag{5.4}$$

弗里德曼规则是标准的以货币供应量作为目标的货币政策规则。他通

过研究近 100 年来美国的货币与经济数据发现，美国国内生产总值的年均增长水平为 3%，劳动力年均增长率接近 2%，据此他推算出货币供应量应当保持年均 4%~5% 水平的增长。式（5.4）中，Δm_t 表示货币供应量增长率；M 表示货币存量；$\rho = \Delta y^f + \Delta l^f$，具体表示为产出增长率与劳动增长率之和。由于式（5.3）中的 r 与 c 均为常数，因此式（5.4）可进一步表示为 $\Delta m_t = \dfrac{M_t - M_{t-1}}{M_{t-1}} \times 100\% = \dfrac{H_t - H_{t-1}}{H_{t-1}} \times 100\% = \rho$，令 $\Delta b_t = \dfrac{H_t - H_{t-1}}{H_{t-1}} \times$ 100%，于是可得 $\Delta b_t = \rho$。在货币流通速度不变的假设条件下，该货币政策规则应当是维持基础货币增长率 ρ 不变。

要想实现这一规则，就必须要求货币供给为完全的外生变量。从实际情况来看，r 与 c 的值并非一成不变的，因此，即使货币当局能够严格地控制货币供给增长速度 ρ，实际货币供给增长速度也会存在波动的情况。

弗里德曼规则成立的基本假设是商业银行与私人部门在内生变量发生变化时，其经济参与行为不发生显著变化，因此，货币当局要想使这一规则发挥作用，必须首先实现以下两大条件：第一，货币需求与名义收入之间存在相对稳定关系，即货币需求函数具有较高稳定性，此时中央银行就能通过控制名义变量来有效控制货币供给；第二，货币供应量必须为外生变量，这一变量的外生性可以允许短期内发生小幅波动，但中长期来看必须保持相对稳定。

从实践情况来看，弗里德曼规则并不能实现稳定经济目标，反而有时候会加剧经济波动，主要原因是货币的流通速度在特殊环境下具有不稳定性，因此货币稳定只能作为稳定经济的必要非充分条件。当经济遭受未预期到的严重外部冲击时，弗里德曼规则必然无法化解这一冲击所带来的负面效应。

（二）麦卡勒姆规则

针对弗里德曼规则的缺陷，著名经济学家麦卡勒姆提出了一个新的货币政策规则。在这一规则下，基础货币是主要货币政策工具，名义收入是货币政策目标，而在货币流通速度与名义收入发生变化的情况下，基础货币也应当采取阶段性调整。由于产出与价格之间有着密切的联系，设 X 为名义收入，P 为价格水平，Y 为真实产出，则有 $X_t \equiv P_t \cdot Y_t$，而当

$p_t = \ln P_t$、$x_t = \ln X_t$、$y_t = \ln Y_t$ 时，可进一步将价格表达式转变为线性形式：

$$p_t \equiv x_t - y_t \tag{5.5}$$

式（5.5）说明在实际收入相对稳定的条件下，P 与 X 之间存在显著的线性关系。基于上述前提条件，麦卡勒姆规则可表示为

$$\Delta b_t = (\Delta y_t^f + \Delta p_t^*) - \Delta \bar{\nu}_{t-1} + \lambda(x_{t-1}^* - x_{t-1}), \lambda > 0 \tag{5.6}$$

其中，Δb_t 表示基础货币增长率，用对数形式表示为 $\Delta b_t = \ln B_t - \ln B_{t-1}$；$\Delta \bar{\nu}_{t-1}$ 表示基础货币流通速度增长率的均值，麦卡勒姆将均值的观察期设为 16 个季度，因此增长率的表达式为 $\Delta \bar{\nu}_{t-1} = [(x_{t-1} - b_{t-1}) - (x_{t-17} - b_{t-17})]/16$；$\Delta y_t^f$ 表示的是真实产出的潜在增长率；Δp_t^* 为货币当局的目标通胀水平；而 x_{t-1} 则是前期产出缺口的反应函数。系数方面，λ 为基础货币增长率对产出缺口变化的反应程度。

在式（5.6）的基础上，麦卡勒姆（1987）具体通过美国的实际数据提出了符合美国实际经济情况的麦卡勒姆规则：长期来看，当美国真实产出增长率维持在 3% 左右时，可以实现产出维持在稳态水平附近波动的目标，而将这一年度增长率转换为季度增长率，则为 0.739%；此外，他设参数 λ 的值为 0.25，因此美国的麦卡勒姆规则可表示为

$$\Delta b_t = 0.00739 - \Delta \bar{\nu}_{t-1} + 0.25(x_{t-1}^* - x_{t-1}) \tag{5.7}$$

该式即为标准麦卡勒姆规则的表达式。在后续的研究中，许多经济学家对这一规则进行了扩展，主要特点是将名义收入目标分解为实际收入目标与通胀目标。改进后的麦卡勒姆规则表达式为

$$\Delta b_t = (\Delta y_t^f + \Delta p_t^*) - \Delta \bar{\nu}_{t-1} + \lambda[(y_{t-1}^f + y_{t-1}) + (\Delta p_{t-1}^* - \Delta p_{t-1})]$$
$$\tag{5.8}$$

Judd 和 Motley（1991）在式（5.8）的基础上，利用三种宏观经济结构模型对这一规则的稳定性进行分析，具体来看包括商业周期模型、菲利普斯模型和向量自回归模型。从实证结果来看，以价格稳定为目标的标准麦卡勒姆规则相较于修正后的规则更加稳定，修正后的麦卡勒姆规则由于加入了产出增长目标而使实际产出增长具有更大波动幅度。

（三）泰勒规则

由于麦卡勒姆规则实施的前提条件是以基础货币作为货币政策工具，而大多数发达经济体的货币当局往往通过调控基准利率这一价格指标来调控宏观经济，因此麦卡勒姆规则在大多数情况下并不适用于这些经济体。

著名经济学家泰勒（1993）提出了一套以产出缺口与通胀缺口为目标、以基准利率为政策工具的货币政策规则，这就是著名的泰勒规则。

泰勒（1993）发现，当通胀水平或者实际收入水平低于货币当局的目标值时，货币当局往往通过降低利率水平来减小目标值与实际值之间的缺口；而当通胀水平或实际收入水平高于目标值时，货币当局通常会提高利率水平。在此基础上，泰勒基于美国的宏观经济数据测算出美国长期的实际利率水平约为2%，可将美联储的通胀目标值设为2%，可得货币政策的反应函数：

$$r = p + 0.5y + 0.5(p - 2) + 2 \qquad (5.9)$$

其中，r 表示基准利率水平，在美国即为联邦基金利率；p 表示以当期为基期的前四个季度通胀水平均值；y 为实际产出偏离目标程度，$y = 100(Y - Y^*)/Y^*$；Y^* 表示潜在产出增长率。根据泰勒对美国经济数据的估计，产出对利率的弹性为0.5，而通胀对利率的弹性为1.5，即 $\partial r/\partial y = 0.5, \partial r/\partial p = 1.5$。在此基础上，他利用式（5.9）对1987—1992年美国货币政策的实施情况进行模拟，结果显示，利用式（5.9）得到的模拟结果与实际情况具有较高的契合度，说明了这一规则的合理性。泰勒规则的一般表达式为

$$r_t = r^* + \lambda_\pi(\pi_t - \pi^*) + \lambda_y y_t \qquad (5.10)$$

其中，r_t 表示的是实际利率，r^* 为长期的均衡利率水平，π_t 表示平均通胀水平，π^* 为通胀目标水平，y_t 表示的是产出缺口，而 λ_π 和 λ_y 分别为利率对通胀缺口与产出缺口的反应程度，体现了货币当局对这两大目标的敏感程度。

从麦卡勒姆规则到泰勒规则，货币政策规则的研究不仅从形式上开始由相对效率较低的数量型政策工具向相对效率较高的价格型政策工具转变，在本质上也更加强调了货币当局对宏观经济调控的主观能动性。比较这两种规则，可以发现当前的货币政策制定规则主要依靠的是一种动态的反馈机制：当中央银行所关注的目标（包括产出缺口、通胀缺口等）的实际值与中央银行的目标值之间出现偏离时，可通过使用相应的政策工具缩小这一缺口，从而达到熨平宏观经济波动的目的。尽管我国目前来看并不适用上述三种货币政策规则中的任意一种，但这种由规则衍生出的货币政策调整思想，特别是货币政策对宏观经济波动的动态反馈机制是十分值得我们去借鉴和学习的。我国的货币当局在制定与实施货币政策时，即使不考虑直接使用这些货币政策规则，也可以通过中国的实际情况模拟出一个能够有效刻画中国货币政策实施情况的反馈效应体系，利用对宏观数据的模拟

进一步判断当前货币政策实施的合理性，为下一步货币政策的制定与实施提供方向上的指导。

三、金融稳定与货币稳定动态反馈机制——基于斯坦克尔伯格的博弈分析

从理论上看，金融稳定与货币稳定之间存在短期的矛盾性，如果货币当局在采用上述任何一种货币政策规则来实现货币稳定目标，必然会在短期使金融稳定偏离均衡水平。基于二者之间的冲突，本节通过博弈的分析方法，考察一个能够兼顾二者的货币政策操作策略。这里需要强调的是，货币政策仍然应当以货币稳定目标为核心，金融稳定因素只是作为兼顾目标予以考虑。

假设一个基于利率反馈机制的货币政策反应函数，其反馈目标主要为产出缺口与通胀，反应函数表达式为

$$y_t = \overline{y_t} - \kappa_y (r_t^f - r_t^*) \tag{5.11}$$

$$\pi_t = \overline{\pi_t} - \kappa_\pi (r_t^f - r_t^*) \tag{5.12}$$

其中，$\overline{y_t}$ 与 $\overline{\pi_t}$ 分别表示产出与通胀的稳态水平；r_t^f 表示的是货币当局的政策利率实际值；r_t^* 为政策利率目标值或理论均衡水平；κ_y 和 κ_π 分别表示产出与通胀对利率缺口的弹性，二者均为正值。上述两个式子表明，当基准利率的实际值高于（或低于）目标值时，产出与通胀缺口的抑制（或促进）作用加强，出现产出与通胀缺口为负（或正）的情况；而当基准利率等于目标值时，产出与通胀的实际值与稳态值之间不存在缺口。

在这一反馈机制下，本书首先构建商业银行的行为方程，来探讨最优行为条件下商业银行与货币当局之间的博弈均衡。假设商业银行主要通过投资一个包含风险资产与无风险资产的资产组合获取最大收益，其中设定风险资产占总资产比重为 α_t，且预期回报率为 r_t^A，而无风险资产的预期回报率为 r_t^f，且满足条件 $r_t^A > r_t^f$。商业银行投资风险资产时遭受的损失为 γ^b，此时整个经济系统也会由于金融不稳定造成损失，这里我们设为 γ^s，且满足条件 $\gamma^s > \gamma^b$。根据 Kocagil 等（2002）、Halling 和 Hayden（2006）的研究结论，商业银行在遭受损失后出现破产情况的概率为商业银行投资风险项目比重的二次型，即为 $(\alpha_t)^2$。基于斯坦克尔伯格的博弈框架，假设贴现率为 θ，那么商业银行的最优行为方程可表示为

$$\max_{\alpha_t \forall t} P = \max_{\alpha_t \forall t} \left\{ \sum_{t=0}^{T} \theta^t \left[(1 - \alpha_t) r_t^f + \alpha_t r_t^A - \gamma^b (\alpha_t)^2 \right] \right\} \qquad (5.13)$$

对式（5.13）进行一阶最优变换，得到一个关于 α_t 的表达式：

$$\alpha_t = \frac{r_t^A - r_t^f}{2 \gamma^b} \qquad (5.14)$$

式（5.14）说明，从商业银行角度来看，风险资产比重的最优解主要受三个变量影响：风险资产预期回报率、货币当局政策利率与商业银行损失成本。其中，风险资产预期回报率与最优风险资产比重之间存在正相关关系，即预期回报率越高，商业银行越倾向于配置更多的风险资产；货币当局政策利率和商业银行损失成本这两个变量与最优风险资产比重之间存在负相关关系，即政策利率越高，或者商业银行损失成本越高，商业银行越倾向于配置更少的风险资产。

我们下一步考察货币当局的最优货币政策行为。从福利经济学角度来看，货币当局主要考虑产出缺口、通胀缺口和金融不稳定所带来的社会损失三大变量，因此货币当局的目标损失函数应当表示为

$$\max_{r_t^f \geqslant 0 \forall t} L = \max_{r_t^f \geqslant 0 \forall t} \left\{ \sum_{t=0}^{T} \theta^t \left[(1 - \lambda)(y - \bar{y}_t)^2 + (\pi_t - \bar{\pi}_t)^2 \right] + \lambda \gamma^s (\alpha_t)^2 \right\}$$
$$(5.15)$$

其中，θ 表示的是贴现水平；λ 为货币当局对金融稳定因素的重视程度，且满足条件 $0 < \lambda < 1$；$\gamma^s (\alpha_t)^2$ 为金融不稳定所导致的社会损失。将式（5.11）、式（5.12）、式（5.14）代入式（5.15），化简可得：

$$\max_{r_t^f \geqslant 0 \forall t} \left\{ \sum_{t=0}^{T} \theta^t \left[(1 - \lambda) \left[\kappa_y^2 (r_t^f - r_t^*)^2 + \kappa_\pi^2 (r_t^f - r_t^*)^2 \right] + \lambda \gamma^s \left(\frac{r_t^A - r_t^f}{2 \gamma^b} \right)^2 \right] \right\}$$
$$(5.16)$$

进一步对式（5.16）进行一阶最优求解，并化简为货币当局政策利率的表达式：

$$r_t^f = \frac{A r_t^* + B r_t^A}{A + B} = r_t^* + \frac{B(r_t^A - r_t^*)}{A + B} \qquad (5.17)$$

其中，$A = 2(1 - \lambda)(\kappa_y^2 + \kappa_\pi^2)$，$B = \frac{\lambda \gamma^s}{2 (\gamma^b)^2}$。

式（5.17）中，等式右边第二项的分子表示风险资产收益率与政策利率目标值之间的缺口，当风险资产的预期回报率高于政策利率目标时，商业银行才会认为有更多的获利机会，此时才会相应地配置风险资产。在这一条件下，我们进一步考察货币当局是否关注金融稳定对整个博弈均衡结

果的影响。当货币当局不关注金融稳定时，存在约束 $r_t^f = r_t^*$，此时货币当局的主要任务是将政策利率的实际值与目标值之间的缺口最大限度地缩窄；当货币当局关注金融稳定时，由于 $r_t^A > r_t^*$ 条件的存在，此时的最优政策利率满足条件 $r_t^f > r_t^*$，即最优政策利率将会高于不关注金融稳定情况下的均衡值。所以，货币当局如果考虑金融稳定因素，必然会相对提高政策利率水平，对商业银行的风险承担行为作出反应。此外，如果货币当局开始考虑金融稳定因素，则货币当局的最优目标利率水平随着货币当局对金融稳定因素敏感程度的提高而提高，即 $\dfrac{\partial r_t^f}{\partial \lambda} > 0$；货币当局的最优目标利率水平也将会随着风险资产预期收益与政策利率缺口的扩大而进一步上升，即 $\dfrac{\partial r_t^f}{\partial \gamma^s} > 0, \dfrac{\partial r_t^f}{\partial \gamma^b} > 0$；而货币当局的政策利率目标值也会随着产出与通胀缺口相对利率的弹性提高而上升，即 $\dfrac{\partial r_t^f}{\partial \kappa_y} > 0, \dfrac{\partial r_t^f}{\partial \kappa_\pi} > 0$。

基于斯坦克尔伯格博弈模型对于商业银行与中央银行的最优化问题分析，我们可以发现，货币当局对于金融稳定的重视程度直接决定了货币政策的相对松紧程度：当货币当局更加重视金融稳定因素时，为防止商业银行风险承担水平过高，其更倾向于偏紧的货币政策；同时，当利率的市场溢价水平上升时，货币当局也在博弈过程中愿意通过一定程度的紧缩策略抑制利率缺口的扩大。在金融稳定因素越发成为影响宏观经济稳定运行重要变量的背景下，货币当局也会在某些特殊时候调整既定的政策计划，以在维持货币稳定的前提下最大限度地实现金融稳定。

第三节 金融稳定状况变化的识别与合意 金融稳定指数波动区间的设定

在考虑金融稳定因素的条件下，货币当局可能在某个非常短的时间内更加注重金融稳定状况的变化，从而在政策倾向上作出微调，以提高政策效率。通过前文构建的中国金融稳定指数可以发现，由于这一指数波动的频繁性，货币当局如果在制定货币政策时过分注重金融稳定因素，不仅会提高货币政策的实施成本，也会削弱货币政策的导向作用。因此，货币政策应当在何时关注金融稳定状况的变化、何时不关注其频繁波动是本章重点研究的问题。

要想确定货币政策对金融稳定因素作出反应的切入点，就必须对金融稳定状况的变化进行有效的识别。金融稳定状况的变化，不仅取决于金融市场中资产价格的变化，也受到市场汇率、市场利率以及市场流动性变化等多个因素的影响。从我们构建的金融稳定指数来看，影响中国金融稳定状况变化的主要因素包括资产价格、汇率、外汇储备等一系列基础性变量，当外部冲击对这些基础性变量产生影响时，这些变量的变动就会间接地影响金融稳定指数的变化。尽管在对金融稳定指数变化进行界定时，我们认为指数的上升与下降均体现了金融市场运行出现显著波动，但这种波动有可能是实体经济发展所引起的正常波动（如宏观经济受供给层面的冲击，提高了技术水平或降低了生产成本，此时经济蓬勃发展、资产价格迅速上扬、本国货币受国力增强影响也出现升值情况……），如果货币当局对于这种情况所导致的金融稳定指数提高作出抑制的反应，将会从根本上抑制实体经济的发展，打击经济参与者的积极性；相反，当金融稳定状况是由于非供给层面冲击而出现显著波动（这里主要包括公众的非理性预期所导致的过度金融市场参与行为）时，金融稳定指数的迅速上升或下降就很有可能是非实体经济发展所引起的波动，如果货币当局对于这种情况所导致的金融稳定指数提高（或下降）不采取任何措施，市场参与者的非理性预期将会进一步形成羊群效应，形成市场的虚假繁荣（或过度衰退）。因此，对于金融稳定状况变化的识别，关键在于判别金融稳定指数的变化到底是由何种因素引起的。下文中，我们重点通过构建一个 IS – LM – FA 模型，考察影响金融稳定状况的主要基本因素，在此基础上设定一个金融稳定的波动区间，以此作为货币政策是否应当关注金融稳定因素的预警线，为货币政策提供考虑金融稳定因素的切入点。

一、IS – LM – FA 模型的构建

首先考虑一个含有金融加速器机制的企业生产过程。对于企业来说，其投入资本包括固定资本 X 与可变资本 x'，其中固定资本 X 不计折旧，而可变资本 x' 在当期生产完成后被完全折旧。假设企业生产函数满足以下条件：

$$F(x'_t) = af(x'_t) \tag{5.18}$$

式（5.18）说明企业的产出受技术因子 a 与可变资本投入 x'_t 的影响，$f(x'_t)$ 满足增凹函数的性质。该企业将所有产出全部变为下期生产的投入，且通过外部融资实现扩大再生产，因此，t 期企业可变资本投入应当表示为

$$x'_t = F(x'_{t-1}) + B_t \tag{5.19}$$

其中，B_t 表示企业在 t 期的负债水平。在这里，企业的负债能力由企业自身资产净值大小所决定，而资产净值实质上也代表了企业向银行进行贷款时可抵押物的价值。在不考虑杠杆因素的条件下，企业可以完全抵押自身的固定资本 K，并换来等价值的贷款资金。基于上述假设，我们可以求得企业债务的表达函数：

$$B_t = \chi^{-\alpha_t} X \tag{5.20}$$

其中，α 表示金融稳定指数，χ 为常数，$\chi^{-\alpha_t}$ 表示金融稳定状况对固定资产抵押的转化效率。由式（5.20）可以看出，企业的债务大小事实上取决于企业的资产规模以及金融稳定状况，当企业规模一定时，金融体系稳健性越弱（表现为 α 值的过高或过低），企业固定资产的抵押效率就越低；而金融体系稳健性越强（表现为 α 值趋近于 0），则企业固定资产的抵押效率就越高。合并式（5.19）和式（5.20），我们可以得到含有企业净现值因素的可变资本投入函数：

$$x'_t = F(x'_{t-1}) + \chi^{-\alpha_t} X \tag{5.21}$$

将式（5.19）表示为产出的形式：

$$y_t = a y_{t-1} + a B_t \tag{5.22}$$

将式（5.20）代入式（5.22）进行化简：

$$y_t = a y_{t-1} + a \chi^{-\alpha_t} X \tag{5.23}$$

式（5.23）中，$\chi^{-\alpha_t} X$ 表示固定资产抵押值的绝对变化情况。令 $Q_t = \chi^{-\alpha_t} X$，则式（5.23）可化简为

$$y_t = a y_{t-1} + a Q_t \tag{5.24}$$

式（5.24）说明，企业的产出不仅取决于前一期的产出水平与技术水平，也受到固定资产的抵押效率影响。假设产出 y_t 服从 AR（1）过程，设 $y_t = \mu_0 + \mu_1 y_{t-1} + e_t$，其中 e_t 为产出的随机冲击项，满足白噪声过程。将假设条件代入式（5.24），消去产出的滞后因素可得：

$$y_t = \frac{1}{\mu_1 - a}(\mu_0 + e_{t+1} - a Q_{t+1}) \tag{5.25}$$

式（5.25）表明，产出水平主要取决于技术水平、产出的记忆轨迹

(μ_0,μ_1) 以及固定资产抵押效率的变化。下一步，我们需要构建一个 IS－LM 系统，来求出资产价格变化的核心影响因素。

在构建传统的 IS－LM 分析框架过程中，我们假设 IS 曲线与 LM 曲线的表达函数如下：

$$y_t = b_0 + b_1 r_t + \nu_t \tag{5.26}$$

$$m_t = c_0 + c_1 y_t + c_2 r_t + \varepsilon_t \tag{5.27}$$

式（5.26）为 IS 曲线，其中 y_t 表示 t 期产出，r_t 代表名义利率，b_0 为截距常数，ν_t 表示随机冲击对 IS 曲线的影响；式（5.27）为 LM 曲线，其中 m_t 表示 t 期的名义货币存量，c_0 为截距项，ε_t 表示随机冲击对 LM 曲线的影响。ν_t 和 ε_t 均满足白噪声过程。联立式（5.26）与式（5.27），通过消除利率变量，我们可以得到一个含有货币存量、产出和随机冲击因素的方程表达式：

$$m_t = c_0 + (c_1 + \frac{c_2}{b_1}) y_t + \frac{c_2}{b_1}(-b_0 - \nu_t) + \varepsilon_t \tag{5.28}$$

将式（5.25）代入式（5.28）可得：

$$m_t = c_0 + A \mu_0 + A e_{t+1} - Aa Q_{t+1} - \frac{b_0 c_2}{b_1} - \frac{c_2}{b_1} \nu_t + \varepsilon_t \tag{5.29}$$

其中，$A = \dfrac{b_1 c_1 + c_2}{\mu_1 b_1 - a b_1}$。将式（5.29）转变成固定资产抵押效率的表达形式：

$$Q_{t+1} = \chi^{-\alpha_{t+1}} X = \frac{1}{Aa}(c_0 + A \mu_0) + \frac{1}{a} e_{t+1} - \frac{1}{Aa} m_t - \frac{c_2}{Aa b_1} \nu_t + \frac{1}{Aa} \varepsilon_t \tag{5.30}$$

进一步转变成金融稳定状况的表达式：

$$\alpha_{t+1} = \frac{-\ln\left\{\frac{1}{X}\left[\frac{1}{Aa}(c_0 + A \mu_0) + \frac{1}{a} e_{t+1} - \frac{1}{Aa} m_t - \frac{c_2}{Aa b_1} \nu_t + \frac{1}{Aa} \varepsilon_t\right]\right\}}{\ln\chi} \tag{5.31}$$

我们可以认为式（5.31）是决定金融稳定状况影响因素的解。根据以上模型，可以看出在含有金融加速器机制的货币政策模型中导致某一时期金融稳定状况变化的因素及其对金融稳定的影响，这为我们确定金融稳定状况的波动区间提供了基本思路。

二、金融稳定的影响因素分析

式（5.31）中，金融稳定受 e_{t+1}、m_t、v_t、ε_t 四个主要因素的影响，为方便计算，我们假设 $\chi = e$，$X = 1$。从式（5.31）中不难看出，导致金融稳定状况发生变化的因素主要包括带动金融稳定上行的最大产出冲击 e_{t+1}、货币供给的变化 m_t、考虑累积效应后带动金融稳定上行的最大产出冲击 v_t 以及考虑累积因素带动金融稳定上行的最大货币冲击 ε_t。此外，影响金融体系稳健性的，还包括利率对产出的弹性 b_1、产出对货币供给的弹性 c_1、利率对货币供给的弹性 c_2、技术水平 a 以及产出滞后反应弹性 μ_1 等其他类型变量。具体来看，影响金融稳定目标区间波动的因素主要包括以下几个方面。

1. 各变量冲击的大小

金融稳定的波动主要是由上文提到的四大因素冲击共同作用，而这四大因素的冲击对金融稳定变化的作用方向不尽相同，比如货币供给冲击与考虑累积因素带动金融稳定上行的最大货币冲击对金融稳定的影响方向就是相背离的，所以，在分析上述变量冲击对金融稳定因素的影响时，不能将它们分开单独考虑，否则必然会扩大金融稳定的波动区间。

2. 冲击的累积效应

对于变量 e_{t+1}、v_t 与 ε_t 而言，它们都是期望为零的随机变量，但在短期，其冲击也会对金融稳定带来累积影响，而这种短期的冲击累积效应越强，对资产价格的波动影响也就越大，这种情况下就应当设定一个更宽的金融稳定波动区间。

3. 金融体系的监管效率以及其他因素

监管部门对金融体系的监管效率越高，其制定的政策或其权威性越能够对造成金融不稳定的外部冲击予以最大限度的抵消，从而维持金融体系运行的稳健性。在这种情况下，我们所设立的稳定波动区间也可以相应收窄。此外，金融监管部门的权威性越高，相关部门对经济参与者的预期引导效果也会越强，此时即使扩大金融稳定的波动区间，也能够抑制金融稳定因素的非常态波动。

基于上述分析，本书建立了一个金融稳定有效波动区间的理论模型，其中波动区间的上限表达式为

$$\overline{\alpha}_r = -(1-D)\ln\left[\frac{1}{a}\max(+e) + \frac{1}{Aa}\max(-\Delta m) + \right.$$

$$\left. \frac{c_2}{Aa\,b_1}\max(-\nu) + \frac{1}{Aa}\max(+\varepsilon)\right]$$

(5.32)

其中, $\overline{\alpha}_r$ 为浮动区间的上限, $\max(+e)$、$\max(+\Delta m)$、$\max(-\nu)$ 和 $\max(+\varepsilon)$ 分别表示带动金融稳定上行的最大产出冲击、带动金融稳定上行的最大货币冲击、考虑累积因素带动金融稳定上行的最大产出冲击以及考虑累积因素带动金融稳定上行的最大货币冲击。D 为考虑经济及金融监管的完善程度而导致金融稳定状况波动的降低程度, $0 < D < 1$。同样地, 金融稳定目标区波动区间的下限也可表达为

$$\underline{\alpha}_r = -(1-D)\ln\left[\frac{1}{a}\max(-e) + \frac{1}{Aa}\max(+\Delta m) + \right.$$

$$\left. \frac{c_2}{Aa\,b_1}\max(+\nu) + \frac{1}{Aa}\max(-\varepsilon)\right]$$

(5.33)

三、金融稳定指数合意波动区间的测算

根据上文的分析结果, 我们可以得到金融稳定状况波动区间的影响因素方程组:

$$\begin{cases} \overline{\alpha}_r = (D-1)\ln\left[\dfrac{1}{a}\max(+e) + \dfrac{1}{Aa}\max(-\Delta m) + \right. \\ \left. \qquad \dfrac{c_2}{Aa\,b_1}\max(-\nu) + \dfrac{1}{Aa}\max(+\varepsilon)\right] \\[2mm] \underline{\alpha}_r = (D-1)\ln\left[\dfrac{1}{a}\max(-e) + \dfrac{1}{Aa}\max(+\Delta m) + \right. \\ \left. \qquad \dfrac{c_2}{Aa\,b_1}\max(+\nu) + \dfrac{1}{Aa}\max(-\varepsilon)\right] \end{cases}$$

(5.34)

在式 (5.34) 的约束下, 我们需要构建计量模型和参数校准的方法, 得到相关系数与变量的取值, 从而最终得到金融稳定指数的波动区间。

（一）计量模型的构建、数据的选取与参数的校准

基于上述方程组中所含的内生变量，我们构建一个 SVAR 模型，一方面分析内生变量之间的回归关系，另一方面通过脉冲响应结果考察内生变量冲击效果，进而测算出金融稳定指数的合理波动区间。根据金融稳定状况波动区间的影响因素组成，我们重点考虑货币冲击与产出冲击以及二者冲击的累计效应对金融稳定指数的影响，因此主要构建的应当是一个含有三变量的 SVAR 模型：

$$X_t = c_t + B_1 X_{t-1} + B_2 X_{t-2} + \cdots + B_k X_{t-k} + \xi_t \qquad (5.35)$$

其中，$X_t = (y_t, m_t, FSI_t)'$，c_t 为常截距项目，ξ_t 为随机扰动项。

本节重点考察的是产出冲击与货币冲击对资产价格的影响情况。这里的产出冲击，我们主要选择产出缺口的相关数据，而本书将经 HP 滤波后得到的国内工业增加值作为产出缺口的代理变量；货币冲击方面，我们选取 M_2 作为货币存量的代理变量；利率数据方面，我们选取上海银行间同业拆借利率（Shibor）作为名义利率的代理变量。其中，国内工业增加值数据来源于国家统计局官方网站，M_2 数据来源于中国人民银行官方网站，Shibor 数据来源于 Wind 数据库，金融稳定指数的具体数据则来源于本书第三章 FSI 的测算结果。所有数据选取的时间跨度为 2004 年 5 月至 2014 年 12 月。所有变量均用 X – 12 的方法进行季节性处理。

在获得相关数据后，我们需得到金融稳定状况波动区间理论方程中的其他参数值，才能够有效地估算出金融稳定指数的波动区间。这其中包括利率对产出的反应弹性 b_1、产出对货币存量的反应弹性 c_1、利率对货币存量的反应弹性 c_2、产出的滞后反应弹性 μ_1、技术水平 a 以及考虑经济及金融监管的完善程度而导致金融稳定状况波动的降低程度 D。我们主要通过参数校准的方法来获取相关参数的估计值。赵春华等（2013）通过差分 GMM 估计方法测算了消费水平与产出、价格和利率等因素的回归估计结果，并得到利率对产出的反应弹性为 – 0.03；孙华好和马跃（2015）通过构建一个货币政策对宏观经济的反应规则模型，估测出产出对货币存量的反应弹性值为 1.24，利率对货币存量的反应弹性为 – 0.01；宋海云（2015）在利用 RBC 模型测算技术冲击和投资冲击对中美经济波动的影响时，将技术冲击的自回归系数设定为 0.7；而对于产出的一阶自回归系数，我们通过简单估算也可得出 μ_1 的值为 1.34。对于参数 D，由于并没有一个

对其完全量化的代表参数，且其中包含的信息量太大，本书为简化分析，将 D 设为 0.5。所有参数的估算结果如表 5.1 所示。

表 5.1　　　　　　　　　　相关参数估计结果

参数	参数定义	参数赋值
b_1	利率对产出的弹性	-0.03
c_1	产出对货币存量的弹性	1.24
c_2	利率对货币存量的弹性	-0.01
μ_1	产出的滞后反应弹性	1.34
a	技术冲击的自回归系数	0.7
D	考虑经济及金融监管的完善程度而导致金融稳定状况波动的降低程度	0.5

（二）模型的估计结果分析

为避免实证检验出现伪回归，我们首先需要对各变量数据进行平稳性检验，以判断序列是否为同阶单整序列。本书主要采用的是 ADF 方法，具体检验结果如表 5.2 所示。

表 5.2　　　　　　　　　各变量平稳性检验结果

变量	t 值	1% 的临界水平值	5% 的临界水平值	10% 的临界水平值	平稳性判断
Y	-1.71	-3.60	-2.93	-2.60	非平稳
M_1	-1.03	-3.62	-2.94	-2.60	非平稳
FSI	-1.99	-2.63	-1.95	-1.61	非平稳
ΔY	-5.50	-3.60	-2.94	-2.61	平稳
ΔM_1	-3.49	-3.60	-2.94	-2.61	平稳
ΔFSI	-2.91	-2.63	-1.95	-1.61	平稳

注：由于第三章与第五章使用的样本相同，因此表 5.2 与表 3.5 的平稳性检验结果一致。

表 5.2 显示，三个变量原始数据（Y，M_1，FSI）的 t 统计量均小于 1% 的临界水平值，说明这三个变量存在单位根，而经过一阶差分后的结果显示，三个变量 t 统计值的绝对值均在 1% 的临界水平值的绝对值之上，说明这三个变量在进行一阶差分后均变成了平稳数据，即三个变量同为一阶单整变量。

在确定三个变量为同阶单整变量后，我们可以对它们进行协整检验，来判断三者之间是否存在长期的均衡关系。在针对向量自回归模型的协整检验中，我们常用 Johansen 协整检验方法，具体检验结果见表 5.3。

表5.3   序列协整检验的结果

原假设	特征根	迹统计量	P 值
0 个协整向量	0.55	44.73	0.0005
至少 1 个协整向量	0.25	12.05	0.1544
至少 2 个协整向量	0.001	0.047	0.8289

注：＊表示在5%的显著性水平下拒绝原假设。

从表5.3中可以发现，原假设"0 个协整向量"的迹统计量在5%的显著性水平下拒绝原假设，而原假设"至少 1 个协整向量"的 P 值达到0.1544，说明三个变量之间必然存在协整关系，且至少有一个协整向量。因此，基于三者之间存在长期的均衡关系，我们有理由建立一个向量自回归模型来考察三者之间的动态关系。

下文进一步通过脉冲响应来判断变量受冲击后的反应情况。由于本节旨在测算金融稳定指数的合理波动区间，因此这里重点考察货币存量与产出冲击对金融稳定指数的影响情况，具体结果如图5.4所示。

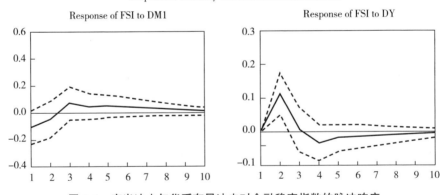

图5.4 产出冲击与货币存量冲击对金融稳定指数的脉冲响应

图5.4中，左图反映的是货币存量的正向冲击对金融稳定指数的影响。可以发现，一单位货币存量的正向冲击首先会对金融稳定指数产生瞬时的负向影响效果，随着时间的推移，到第 3 期开始产生正向影响，并最终在第 10 期逐步恢复到稳定水平。右图反映的是产出缺口冲击对金融稳定指数的影响。可以发现，一单位产出的正向冲击首先会对金融稳定指数产生正向的冲击影响，到第 2 期达到峰值，随后正向效应会逐步减弱并产生负向效应，到第 4 期达到负向峰值，紧接着才会逐步恢复到稳定水平。根据脉

冲响应所产生的冲击峰值与累计值，我们进一步测算产出与货币存量冲击对资产价格的冲击影响大小及其累积效应。货币存量冲击与产出冲击对金融稳定指数产生影响的峰值与累计值情况如表5.4所示。

表5.4　一单位产出冲击与货币存量冲击对金融稳定指数的价格脉冲峰值与累计值

冲击类型	脉冲峰值	脉冲累计值
产出冲击	11.307%	3.605%
货币存量冲击	6.827%	14.137%

表5.4中，尽管产出冲击的脉冲峰值远远高于货币存量冲击的脉冲峰值，但由于后续冲击效应中货币存量冲击持续为正，而产出冲击持续为负，最终脉冲响应的累计值方面，货币存量的冲击效果远远高于产出冲击的累积效果。将测算所得的脉冲响应峰值与累计值，以及通过参数校准获得的估计值全部代入方程组，最终可以求得金融稳定指数的合意波动区间应当为偏离均衡水平的 ±35.27%。该波动区间的上下限的含义为：当经济系统的基本面冲击（货币存量冲击与产出冲击）对金融稳定指数产生影响时，这些基本面冲击对其影响的幅度最大不会超过35.27%。因此，当金融稳定指数波动幅度超过35.27%时，意味着存在非基本面因素的冲击对金融市场造成了扰动，此时为了避免这种非基本面因素的冲击对金融体系的稳健运行造成进一步的破坏作用，应当通过适当的货币政策调整，向市场参与者释放货币当局稳定金融市场的信号，从而减弱非基本面因素的影响，最终将金融稳定指数重新拉回至合理波动区间。

第四节　基于金融稳定与货币稳定协调的货币政策具体策略与效果分析

货币政策在制定与实施时，应强调这样一个实现金融稳定与货币稳定协调的策略：当金融体系运行出现波动时，如果能够判断导致这一波动的外部冲击中必然含有非基本面因素，那么货币政策应当在适当的时候进行微调，旨在引导公众的合理预期，将金融体系运行过程中的非理性扰动予以有效剔除；反之，则不应当通过货币政策过度干预金融市场的正常运行，保障市场在资源配置中的主导地位。本节重点对提出的这一协调策略进行模拟与验证，以探讨这一策略的合理性。

要想模拟这一策略的实施，必须满足两个条件：一是确定货币当局的常规货币政策实施规则，二是货币当局关注金融稳定因素的切入时机和切入方式。对于第二个条件，上一节中已经通过对构建的金融稳定指数设定波动区间确定了货币当局关注金融稳定因素的切入时机，且也通过斯坦克尔伯格博弈模型确定了货币当局关注金融稳定因素的切入方式。因此，这里首先要设定货币政策反应函数，以此来确定常规状态下货币政策的实施规则。

一、中国货币政策反应函数的设定与检验

《中华人民共和国中国人民银行法》强调，我国货币政策的主要目标是保持币值的稳定，并以此促进经济增长。因此，常规状态下，我国货币政策的最终目标应当主要包括维持通胀水平稳定与促进产出水平提高。此外，由于中国利率市场化改革仍在进行，已经基本取消了存贷款基准利率管制，但到目前为止，货币当局还没有构建起一个完善的利率走廊体系，因而无法通过调整基准利率来间接地影响宏观经济运行。所以，当前形势下我国仍然将货币数量作为核心中介变量，通过调整市场的货币供给来影响市场需求。基于上述原因，我们将中国货币政策的反应函数设定如下：

$$\Delta m_t = \alpha_0 + \alpha_1(\pi_{t-1}^* - \pi_{t-1}) + \alpha_2(y_{t-1}^* - y_{t-1}) + \mu_{\alpha t} \qquad (5.36)$$

其中，Δm_t 表示货币供应增长速度，α_0 为截距项，π_{t-1}^* 和 π_{t-1} 分别表示前一期的通胀目标值与实际值，y_{t-1}^* 和 y_{t-1} 分别表示前一期的真实产出目标增长率与实际增长率，$\mu_{\alpha t}$ 是服从正态分布的随机扰动项。

在考虑金融稳定因素的条件下，货币当局应当将金融稳定目标纳入货币政策反应函数，此时的表达式为

$$\Delta m_t = \alpha_0 + \alpha_1(\pi_{t-1}^* - \pi_{t-1}) + \alpha_2(y_{t-1}^* - y_{t-1}) + \alpha_3(0 - FSI_{t-1}) + \mu_{\alpha t}$$
$$(5.37)$$

其中，右边第四项表示的是金融稳定指数偏离均衡水平的缺口，其中金融稳定指数的均衡水平应当为零，此时金融体系稳健性最强。当金融稳定指数上升时，意味着金融市场过度繁荣，根据上文的分析结果可知，货币当局应当采取相对紧缩的货币政策来抑制泡沫的出现；当金融稳定指数下降时，意味着金融市场过度衰退，此时应当采取相对宽松的货币政策防止金融危机的爆发。

在确定了货币政策反应函数后，下一步则应当检验这一反应策略的合理性，以此来判断中国货币当局在制定和实施货币政策时是否遵循这一反应策略。数据选取方面，我国货币政策操作过程中以 M_2 作为货币政策中介变量，因此这里将 M_2 作为货币供应量的代理变量；对于通胀指标的选择，前文已经通过构建一个含有金融约束的动态随机一般均衡模型确定了在 LCP 定价模式下货币当局盯住 CPI 更能有效维持宏观经济稳定，因此这里我们选择 CPI 作为通胀水平的代理变量；在设定通胀水平目标值时，我们主要参考 2004—2014 年《国民经济和社会发展计划执行情况与国民经济和社会发展计划草案的报告》中有关 CPI 目标的设定，而对于某些没有设定目标值的年份，我们将该年数据与上一年的目标数据保持一致；产出水平方面，选择各季度实际 GDP 作为其代理变量，其中实际 GDP = 名义 GDP/通胀水平，而在测算名义 GDP 时，我们通过累计的名义季度 GDP 数据进行差分，并进一步利用 X−12 方法进行季节调整，取对数差分，最终得到名义 GDP 实际增长率的季度数据。此外，对于潜在 GDP 增长率，本书主要使用名义 GDP 实际增长率的 HP 滤波值作为替代变量。

对相关变量进行单位根检验，其目的在于防止伪回归情况的出现。ADF 检验方法证明，所有的相关变量均为零阶单整序列（见表 5.5），因此可以判断这些变量均为平稳序列。

表 5.5　　　　　　　　　　各变量 ADF 检验结果

变量	ADF 值	临界水平（1%）	序列是否平稳
Δm_t	−5.80	−3.60	是
$\pi_{t-1}^{*} - \pi_{t-1}$	−4.37	−3.60	是
$y_{t-1}^{*} - y_{t-1}$	−18.49	−3.60	是
FSI_t	−4.54	−3.60	是

考虑到模型中各变量之间可能存在相关性，本书通过计算方差膨胀因子的方法判断是否存在多重共线性。方差膨胀因子的具体表达式为 $VIF_i = 1/(1 - R_i^2)$，其中 R_i^2 表示某一自变量对其他自变量做回归过程中得到的复相关系数。下一步则是判断方差膨胀因子的大小：若 $0 < VIF_i < 10$，则不存在多重共线性；若 $10 \leq VIF_i < 100$，估计结果具有一定程度的多重共线性；而 $VIF_i \geq 100$，表明整个估计过程具有显著的多重共线性。根据各变量的方差膨胀因子结果（见表 5.6），所有变量之间均不存在多重共线性，

因此可以直接构建回归模型进行分析。

表 5.6　　　　　　　各变量的方差膨胀因子计算结果

变量	$\pi_{t-1}^* - \pi_{t-1}$	$y_{t-1}^* - y_{t-1}$	FSI_t	Δm_t
R_i^2	0.4537	0.0479	0.1656	0.4079
VIF_i	1.8306	1.0503	1.1984	1.6890

分别对反应函数（5.36）和反应函数（5.37）进行最小二乘法估计，得到的结果如表 5.7 所示。

表 5.7　　　　　　　货币政策反应函数的估计结果

	函数（5.36）	函数（5.37）
常数项	0.016046*** (13.59)	0.016086*** (13.47)
$\pi_{t-1}^* - \pi_{t-1}$	0.104287** (2.02)	0.090599 (1.57)
$y_{t-1}^* - y_{t-1}$	0.072137*** (2.96)	0.080397*** (2.77)
FSI_t	—	−0.018984 (−0.54)
拟合优度 R^2	0.48	0.81
F 统计量	6.94	4.64
DW 统计量	2.21	1.99

注：括号中的数值为各变量参数的 t 统计值，*、**、*** 分别表示在置信区间 10%、5% 和 1% 的水平下参数显著不为零。

实证结果发现，无论是反应函数（5.36）还是反应函数（5.37），都能够在一定程度上较为有效刻画出当前经济系统的运行状况。

从通胀缺口参数的估计情况来看，当通胀水平低于预期水平时，货币当局应当采取宽松的货币政策，以提高通胀水平为目标，防止出现通货紧缩的趋势。从实证结果来看，通胀缺口的参数为正也反映了货币当局对通胀缺口的态度与理论相一致。事实上，从中国人民银行货币操作的历史来看，其操作方向与通胀缺口之间存在显著的相关性：2004—2006 年，通胀缺口呈快速上升趋势，主要原因是贸易出口的迅速增加，导致外汇占款规模加速扩大，而货币当局前期通过提高存款准备金率以及存贷款利率的方式降低实际通胀水平，并在通胀惯性作用下使实际值低于目标水平。因此，2004 年以后，中央银行开始逐步放松货币政策，提高了总体的货币供给水平。2007—2008 年，随着中国经济发展进入高速阶段，无论是商品市场还是金融市场都出现了显著的繁荣现象，此时通胀缺口迅速收窄，并出现负向缺口，表明这一阶段经济系统存在较大的通胀压力。基于这一情况，中央银行开始实施"稳中适度从紧"的货币政策，并在 2007 年末明确转变成为紧缩的货币政策，以抑制负通胀缺口的进一步扩大。到 2008 年下半年，受美国次贷危机的影响，我国整体经济出现下滑趋势，通胀缺口也开始正向扩大，出现通货紧缩压力，而此时中央银行也通过降息降准的方式迅速提高货币供给以维持稳定的通胀水平。2011—2012 年，由房地产市场繁荣引起的通胀水平的上升再次使通胀缺口出现负值压力，为抑制房价上涨所带来的通胀压力，货币当局再次采取了紧缩的策略。随着通胀缺口的波动幅度逐渐缩窄，货币政策也更倾向于稳定。

从产出缺口参数的估计情况来看，反应函数（5.36）和反应函数（5.37）的估计值均通过了显著性检验，且从实际经济意义上来看，当实际产出水平低于潜在水平时，货币政策倾向于宽松策略以促进经济增长；当实际产出水平高于潜在水平时，货币政策倾向于收紧策略以抑制经济过热，这一结论也较为符合经济学理论分析。但从系数的数值上来看，两个反应函数估计结果中，产出缺口的系数值低于通胀缺口系数，说明货币供给的变化对产出缺口的反应相较通胀缺口而言更加不敏感，也进一步说明我国的货币当局在政策制定时更加注重通胀水平的变化。

最后比较两个反应函数的总体差异。加入了金融稳定指数的反应函数（5.37），其拟合优度高于没有加入金融稳定指数的反应函数（5.36），说明金融稳定指数的加入在一定程度上提高了模型对实际经济运行的解释力，主要原因是我们所构建的金融稳定指数中包含了外汇储备变量，而在我国特殊的外汇管理体制下，货币存量的变化与外汇储备规模间存在显著的相关性，因此加入了含有外汇储备因素的金融稳定指数更能够反映货币存量变化的内生解释性。但从金融稳定指数的系数估计结果来看，参数值没有通过显著性检验，一方面有可能是金融稳定指数中含有的其他基础性指标对货币存量变化的解释力不足所致，另一方面也反映出货币当局在制定货币政策时，对金融稳定因素的关注力度远小于通胀缺口与产出缺口因素。

二、金融稳定与货币稳定协调目标下的货币政策策略模拟

一般情况下，货币当局不会机械地按照某种固定的规则来制定和实施货币政策，我国的中央银行自然也不会依据反应函数（5.36）或反应函数（5.37）所显现的情况进行决策与操作。然而，利用反应函数（5.36）或反应函数（5.37）的基本形式，可以针对当前宏观经济关键指标的变化估测出货币政策的操作模拟值，用来客观地评价政策的实施效果。从这个角度来看，反应函数可以作为货币政策的一个指示器，用来判断当前货币政策的松紧程度。

尽管反应函数（5.37）的估计结果表明金融稳定指数不应当作为货币政策目标予以关注，但考虑到整体具有较高的拟合优度，我们也不能忽视金融稳定指数在判断当前货币政策松紧程度时的重要作用。因此，参照上一节中我们对金融稳定指数波动区间的设定，我们可以构建一个指示器方程，具体表达式如下：

$$
\begin{cases}
\Delta m_t = \beta_0 + \beta_1(\pi_{t-1}^* - \pi_{t-1}) + \beta_2(y_{t-1}^* - y_{t-1}) + \mu_{\beta t}, \mid FSI_t \mid \leqslant \overline{\alpha_r} \\
\Delta m_t = \gamma_0 + \gamma_1(\pi_{t-1}^* - \pi_{t-1}) + \gamma_2(y_{t-1}^* - y_{t-1}) + \\
\gamma_3(0 - FSI_t) + \mu_{\gamma t}, \mid FSI_t \mid > \overline{\alpha_r}
\end{cases}
$$

$$(5.38)$$

式（5.38）显示，对货币存量变化的指示器机制主要包括两种情况：如果金融稳定指数在设置的合意区间 $\overline{\alpha_r}$ 内自由波动，货币当局对货币供给进行干预时就不应当考虑金融稳定指数变化的影响，只需考虑上一期通胀缺口与产出缺口的变化即可；如果金融稳定指数的波动超过了我们所设置的合意区间 $\overline{\alpha_r}$，那么货币当局就需要在考虑上述两个基本因素变化的同时，将金融稳定指数赋予部分权重予以考虑。式（5.38）中，β_t 和 γ_t 分别表示不同政策规则下通胀缺口、产出缺口和金融稳定指数的权重。

为进一步验证所构建的货币政策指示器的合理性，我们将上文中经过处理的相关数据及估计结果代入式（5.38）中，用来估算货币供给的模拟值，并将测算的结果与货币供给的实际值进行比较，以此来验证和评价2004—2014年我国货币政策的松紧情况。权重设置方面，我们分别考虑三种情况：第一种是货币当局相对重视通胀缺口的情况，这里设 $\beta_1 = 0.7$，

$\beta_2 = 0.3, \gamma_1 = 0.7, \gamma_2 = 0.2, \gamma_3 = 0.1$；第二种是货币当局对通胀缺口与产出缺口的重视程度相当，设 $\beta_1 = 0.5, \beta_2 = 0.5, \gamma_1 = 0.45, \gamma_2 = 0.45, \gamma_3 = 0.1$；第三种更重视产出缺口情况，设 $\beta_1 = 0.3, \beta_2 = 0.7, \gamma_1 = 0.2, \gamma_2 = 0.7, \gamma_3 = 0.1$。三种情况的模拟结果见图 5.5 至图 5.10。

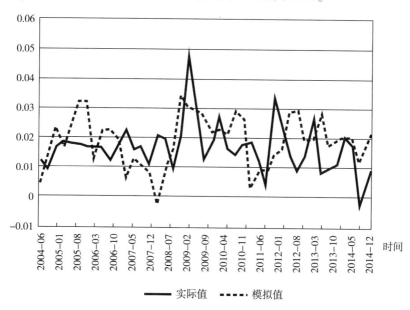

图 5.5 货币增长率实际值与模拟值（第一种情况）

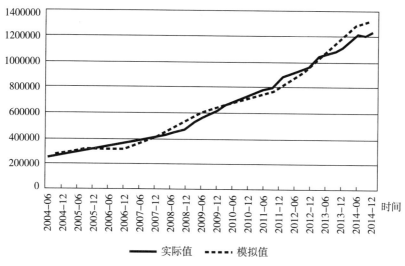

图 5.6 货币绝对增长值的实际值与模拟值（第一种情况）

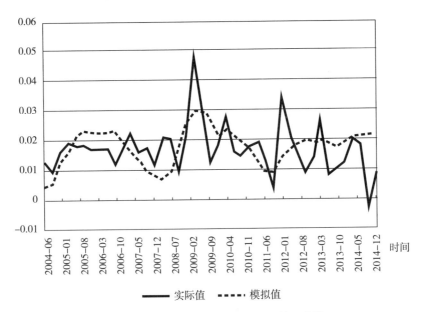

图 5.7 货币增长率实际值与模拟值（第二种情况）

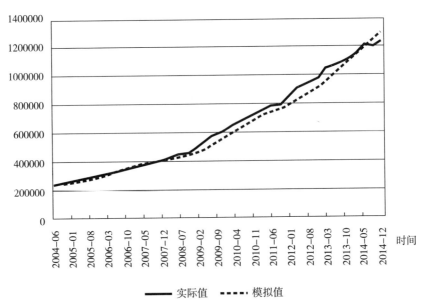

图 5.8 货币绝对增长值的实际值与模拟值（第二种情况）

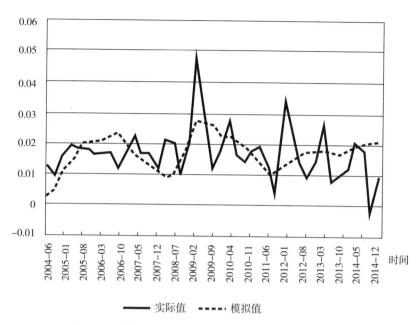

图 5.9　货币增长率实际值与模拟值（第三种情况）

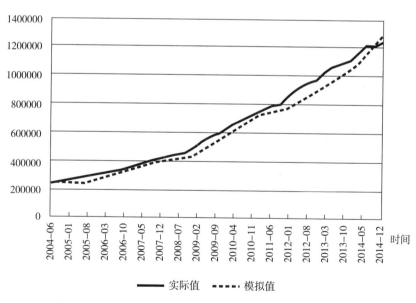

图 5.10　货币绝对增长值的实际值与模拟值（第三种情况）

  图 5.5 至图 5.10 显示了对产出缺口与通胀缺口敏感度不同情况下，利用式（5.37）估算出的模拟值与实际情况的比较。其中，虚线表示货币增长绝对值与相对值的模拟走势，实线表示货币增长绝对值与相对值的实际走势。从六张图中可以发现，模拟值与实际值之间的趋势基本一致，且二者之间存在很小的缺口，说明我们所构建的模拟反应函数能够在一定程度上较好地拟合货币政策的实际反应。

  进一步地，我们还可以利用图 5.6、图 5.8 和图 5.10 中虚拟线与实际线之间的穿插作用来判断货币政策的松紧程度和应该调节的方向。其中，实际线位于模拟线上方意味着货币政策相对宽松，应当在适当情况下予以收紧；模拟线位于实际线上方意味着货币政策相对偏紧，应当在适当情况下予以放松。可以发现，在对产出缺口与通胀缺口敏感程度存在差异的情况下，测算出的模拟值趋势略有不同，其不同之处主要体现在 2009 年以后的货币政策实施情况：当货币政策对产出缺口的权重大于或等于通胀缺口的权重时，模拟出来的结果更倾向于收紧的政策取向，主要原因是 2009 年以后产出缺口的波动幅度小于通胀缺口的波动幅度，在相对更重视产出缺口的政策倾向下，必然会更愿意保持相对紧缩的状态以防止产出的过度增长。但从实际情况来看，2009 年前后正是美国次贷危机爆发之后的关键时点，再考虑危机风险传导至中国的时滞性，外部冲击必然会对我国的宏观经济带来负面影响。此时，宽松的货币环境不仅能够对冲美国量化宽松政策带来的负面影响，也能在一定程度上激发经济参与者对国内经济的信心。基于此，我们可以判断出中国的货币当局在制定货币政策时仍然更多地考虑通胀缺口的变化。

  在确定通胀缺口为货币当局的主要考量目标后，我们在图 5.6 的基础上加入一个不考虑金融稳定因素的指示器方程模拟结果，一方面考察两种指示器方程模拟结果的区别，另一方面对 2004—2014 年中国货币政策实施情况进行评价，以此来分析本书所构建的货币政策策略的指示器作用。图 5.11 中，模拟值Ⅰ表示不考虑金融稳定因素的指示器方程模拟结果，模拟值Ⅱ表示考虑了金融稳定因素的模拟结果。从比较结果来看，考虑了金融稳定因素的模拟结果相较于不考虑金融稳定因素的模拟结果，在模拟值走势的拐点前后具有显著的差异：考虑了金融稳定因素后的模拟值走势波动更大，与实际值之间的交错走势更为显著；而不考虑金融稳定因素的模拟值走势波动更小，与实际值之间的交错走势显著性不强。

由于本书构建的指示器函数需要对当前货币环境的松紧程度进行明确的判断，并以此来指导货币政策实施，因此模拟值与实际值之间应当在关键时点与区间有着较为显著的区分以方便观测与判断。所以，将金融稳定因素纳入指示器方程所估测出的模拟值更能有效地为货币政策实施提供参考。

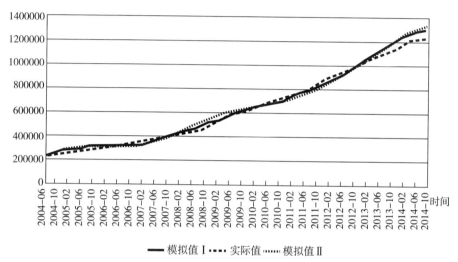

图5.11　多种情况下货币政策策略的模拟结果

从模拟线Ⅱ与实际线的交互走势来看，主要分为 2004—2006 年、2006—2008 年、2008—2009 年、2009—2013 年以及 2013—2014 年五个时间段。

1. 2004—2006 年。这一阶段，一方面，受 1997 年亚洲金融危机以及 2001 年美国互联网泡沫破灭等外部因素的影响，我国的经济发展处于恢复期；另一方面，自我国加入世贸组织以来，我国经常项目盈余的迅速提升保障了经济发展维持在稳定水平。由图 5.11 可知，模拟曲线处于实际曲线的上方，意味着货币政策相对收紧，应当适当放松货币政策来刺激经济，防止紧缩。

2. 2006—2008 年。自 2006 年下半年起，由于国内经济系统内出现流动性过剩的局面，而通胀率也出现持续上涨的趋势，中国人民银行开始多次上调法定存款准备金率来抑制通胀，而这一趋势至 2008 年下半年在国际金融危机影响下才出现转变。图 5.11 显示，实际曲线从 2006 年末开始缓慢向上穿越模拟曲线后一直处于模拟曲线上方，显示货币政策仍然偏松，应当进一步收紧货币政策以抑制经济过热，防止出现恶性通胀。

3. 2008—2009 年。2008 年国际金融危机席卷全球，中国经济也不可避免地受到影响，流动性突然紧缺，中国人民银行连续四次较大幅下调法定存款准备金率，增加货币供给，但经济增长速度与通胀水平仍然持续萎缩。为保障经济的持续增长，中央出台了大规模的经济刺激计划，通过宽松的货币政策与财政政策，加大基础设施建设力度，从而维持经济增长。图5.11 显示，实际线从 2008 年下半年开始突然转向，向下穿越模拟线后处于模拟线下方，此时表明货币政策偏紧，应当放松货币政策来刺激经济，防止通货紧缩的出现。

4. 2009—2012 年。大规模刺激政策的过度冲击，导致我国基础设施建设速度过快，不仅引发了房地产市场泡沫，也为近年来的产能过剩问题埋下了隐患。此外，在美联储量化宽松政策的外部冲击下，国内的农产品、大宗商品以及原材料价格迅速上涨，通胀水平也屡创新高。从 2010 年末开始，中国人民银行在报告中将"适度宽松"改为"稳健"，可以明显看出货币当局已经开始有收紧流动性的意向。图 5.11 显示，实际线从 2010 年末开始向上穿越模拟线后处于模拟线上方，表明货币政策偏松，应当收紧货币政策以防范高通胀的出现。

5. 2012—2014 年。这一时期，我国开始经历"三期叠加"阶段，不仅经济增长遭遇到瓶颈，金融市场也开始出现显著的不稳定情绪。由于出口贸易受外部冲击影响严重，大量出口企业出现破产情况，实体经济受负面冲击影响严重。从图 5.11 中可以看出，实际线从 2011 年末开始向下穿越模拟线后处于模拟线下方，表明货币政策偏紧，应适当放松货币政策来刺激经济。

通过上述五个阶段的对比，可以发现本书构建的反应函数所模拟的货币政策松紧方向同中国现实经济运行态势高度一致，表明这一反应函数能够作为货币政策的指示器，而在这一兼顾金融稳定与货币稳定协调的指示器引导下，我们所提出的货币政策操作策略也基本符合对 2004—2014 年经济形势的把控。我们将结果更加直观地概括为表格，具体情况如表 5.8 所示。

表5.8　　　　　　　　　　　货币政策模拟情况

时间段	模拟情况	显示经济运行情况
2004年至2005年中	模拟曲线处于实际曲线的上方，意味着货币政策相对收紧，应当适当放松货币政策来刺激经济，防止紧缩	一方面，受1997年亚洲金融危机以及2001年美国互联网泡沫破灭等外部因素的影响，我国的经济发展处于恢复期；另一方面，加入世贸组织以来，我国经常项目盈余的迅速提升也保障了经济发展维持在稳定水平
2005年中至2007年末	实际曲线从2006年末开始缓慢向上穿越模拟曲线后一直处于模拟曲线上方，显示货币政策仍然偏松，应当进一步收紧货币政策以抑制经济过热，防止出现恶性通胀	自2006年下半年起，由于国内经济系统内出现流动性过剩的局面，而通胀率也出现持续上涨的趋势，中国人民银行开始多次上调法定存款准备金率来抑制通胀，而这一趋势至2008年下半年受国际金融危机影响才出现转变
2007年末至2009年末	图中显示，实际线从2008年下半年开始突然转向，向下穿越模拟线后处于模拟线下方，表明货币政策偏紧，应当放松货币政策来刺激经济，防止通货紧缩的出现	2008年的国际金融危机席卷全球，中国经济也不可避免地受到影响，流动性突然紧缺，中国人民银行连续四次较大幅度下调法定存款准备金率，增加货币供给，但经济增长速度与通胀水平仍然持续萎缩。为保障经济的持续增长，中央出台了大规模的经济刺激计划，通过宽松的货币政策与财政政策，加大基础设施建设力度，从而维持经济增长
2009年末至2012年末	实际线从2009年末开始向上穿越模拟线后处于模拟线上方，表明货币政策偏松，应当收紧货币政策以防范高通胀的出现	由于大规模刺激政策的过度冲击，我国基础设施建设速度过快，不仅引发了房地产市场泡沫，也为近年来的产能过剩问题埋下了隐患。此外，在美联储量化宽松政策的外部冲击下，国内的农产品、大宗商品以及原材料价格迅速上涨，通胀水平也屡创新高

续表

时间段	模拟情况	显示经济运行情况
2012 年末至 2014 年末	实际线从 2011 年末开始向下穿越模拟线后处于模拟线下方，表明货币政策偏紧，应适当放松货币政策来刺激经济	这一时期，我国开始经历"三期叠加"阶段，不仅经济增长遭遇到"瓶颈"，金融市场也开始出现显著的不稳定情绪。由于出口贸易受到外部冲击影响严重，大量出口企业出现破产情况，实体经济遭到显著的负面冲击

我们利用中国 2004 年第二季度至 2014 年第四季度的样本数据，通过构建一个包含金融稳定与货币稳定协调约束条件的反应函数，采用数据模拟的方式测算了 2004—2014 年中国货币政策的实施情况，得出如下结论：

首先，我们所构建的反应函数在很大程度上能够作为货币政策实施的指示器，在实现金融稳定与货币稳定协调的基础上有效地指导货币政策实施。

其次，从指示器函数的模拟效果来看，当通胀缺口的权重较大时，指示器效果更能有效地反映出实施情况，这不仅反映出我国货币当局的货币政策制定策略仍然以货币稳定作为首要目标，也证明了以货币稳定为首要目标的货币政策反应函数对宏观经济更为有效。

最后，与不考虑金融稳定因素的模拟情况相比，如果将金融稳定指数纳入反应函数中予以考虑，尽管在一定程度上加大了模拟情况与实际情况间的缺口，但这种缺口的扩大事实上也更能显著地为货币政策的下一步实施策略提供明确的指示，从而提高货币政策执行的准确性。

三、本章小结

本章基于上两章分别对金融稳定与货币稳定的界定与分析，进一步探讨在维持货币稳定的货币政策实施原则下兼顾金融稳定因素的策略。首先，基于斯坦克尔伯格博弈模型对于商业银行与中央银行的最优化问题分析，我们可以发现，货币当局对于金融稳定的重视程度直接决定了货币政策的相对松紧程度：当货币当局更加重视金融稳定因素时，为防止商业银行风险承担水平过高，其更倾向于偏紧的货币政策。在金融稳定因素越发成为影响宏观经济稳定运行重要变量的背景下，货币当局也会在某些特殊时候调整既定的政策计划，以在维持货币稳定的前提下最大限度地实现金融稳定。因此，本书制定了一个基本的金融稳定与货币稳定协调策略：当金融不稳定因素不显著时，货币当局应当坚持实施以货币稳定为目标的货币政策；当金融不稳定因素凸显到无法忽视的地步时，货币当局应当采取斯坦克尔伯格博弈的策略，通过货币政策维持金融体系稳定运行，直到其恢复至稳定状态。基于这一协调策略，本章进一步构建了一个 IS – LM – FA 的理论框架，确定了金融稳定的内生因素，并在测算出的金融稳定指数基础上设置了一个合意波动区间，当金融稳定指数在该区间内波动时，货币政策规则保持不变；当金融稳定指数波动幅度超过该区间时，货币政策应当对金融稳定指数作出相应反应，直到其回到合意区间以内。最后，针对这一策略，我们构建了金融稳定与货币稳定协调的货币政策反应函数，通过对实际数据的模拟证明了这一策略的合理性，货币当局在制定货币政策时可参考本书所构建的指示器函数，为货币政策的策略制定提供方向性指导。

第六章　货币政策体系改革与展望

　　改革开放以来，尽管我国在金融体系改革发展过程中取得了明显的进步，但随着金融体系规模的迅速扩大以及金融创新程度的加深，金融体系不稳定因素的积累也逐步成为货币当局与金融监管部门所担忧的重点内容。进入21世纪以后，无论是传统的金融部门（包括银行、证券等）还是新兴金融业态（包括影子银行、互联网金融等），都出现了一定程度的不稳定情况。但到目前为止，中国还没有出现一次类似其他发达国家那样的金融危机，主要原因包括两个方面：一是我国长期坚持的渐进式金融业改革开放，更强调对风险的把控，在某一领域出现风险暴露点后，迅速采取相对严格的管制措施，防止风险进一步蔓延；二是大环境下我国还并没有完成人民币国际化进程。一般来说，在某一封闭经济系统内出现的系统性风险整体来说相对比较容易控制，但随着资本账户可自由兑换程度的加深，在外来资本可以进入国内市场的背景下，外部因素对国内金融市场的影响必然会对国内金融体系的稳定性带来巨大冲击，且一旦这种冲击积累到某一程度，很有可能造成不可逆转的损害。当前我国金融市场开放程度进一步加深，受国内外双重因素影响，金融市场稳定性开始遭受考验：近年来，商业银行的不良贷款率屡创新高，在国内产能过剩、经济结构不平衡的背景下越发地引起经济参与者们的担忧；股票市场的暴涨暴跌情况，加之证券市场体系的不完善，使大部分投资者遭受了巨额损失；而进入2016年以后，房地产市场在之前发现供给过剩信号后突然在一线城市出现暴涨的情况，而房地产投资者们疯狂般的热情进一步引发学者和宏观政策调控者的担忧。随着金融市场双向开放进程的加深，我国金融体系的稳定性必然会遇到更多的考验，这就需要货币当局与金融监管部门必须转变过去已经形成的既定管理模式，在与国际接轨的条件下完善自身的货币政策框架与宏观审慎框架，加强货币稳定与金融稳定之间的协调关系，在实现国内货币政策目标的基础上最大限度地维持金融市场稳定提出有效的解决方案。

第一节　完善维护货币稳定的货币政策框架

当前经济形势下，要想实现我国的货币稳定目标，就必须强调人民币购买力的稳定。人民币的购买力水平对内体现为通胀水平，对外则体现为汇率水平，且二者之间存在紧密联系。随着人民币加入 SDR，外部环境的冲击（对汇率造成的波动）能够迅速反映到国内宏观经济数据（特别是通胀水平）上，从而对国内经济运行带来扰动。基于此，货币当局必须仍然将人民币汇率相对稳定作为核心目标予以关注，以此来维持国内经济系统与金融市场的稳定。具体来看，应当做到以下几点。

一、加快推进人民币汇率形成机制改革

2005 年人民币汇率形成机制改革的实施，确立了参考一篮子货币的人民币汇率形成机制，这一机制的形成在引导公众预期和稳定人民币市场汇率方面起到了显著作用。然而，我国有着巨大的贸易顺差规模，这就使人民币实际有效汇率具有较强的升值预期，导致人民币实际有效汇率与外汇市场名义汇率之间存在显著缺口。随着这一缺口的持续扩大，2015 年 8 月 11 日，中国人民银行在进一步完善人民币汇率形成机制的基础上，调整人民币兑美元汇率中间报价至 6.2298 元，为有效引导公众预期、防止人民币汇率过度偏离均衡水平起到了重要作用。随着人民币国际化进程的迅速推进，中国人民银行应当在丰富外汇市场投资产品的基础上，加快人民币外汇市场广度与深度的拓展，加强在岸汇率与离岸汇率之间的关联度，缩小二者之间的缺口，为人民币均衡汇率的形成提供条件。此外，在复杂多变的跨境资本流动冲击下，中国人民银行还应当关注资金异常流动情况，有效防范跨境资金异常流动所引发的系统性风险，维持外汇市场与国内金融市场的相对稳定。

二、加大异常跨境资金流动监管力度

影响汇率波动的本质因素是外汇市场上的供需力量，而供需力量的变

化主要源自跨境资本流动的规模。当出现异常的跨境资本流动（特别是短期资本流动）时，存在国际游资进入国内市场进行投机性行为的可能性，而一旦国际游资进入，一方面不利于外汇市场名义汇率的稳定；另一方面，国内金融市场（特别是资产价格）也会出现剧烈波动，不利于金融市场的稳健运行。因此，货币当局应当严格监控国际游资的流动状态，加大对资本进出各环节的检测力度，针对频率与规模相对较大的资金流动进行实时追踪，必要时采取合适的措施限制异常资金的过度进出；此外，还应当与其他国家中央银行、国际性金融机构（如IMF）建立紧密合作关系，加强部门之间的协调，提高对异常跨境资本流动的监管力度，从而最大限度地维持国内金融体系的稳定性。

三、构建一套能够有效识别通胀水平的指标体系

尽管从当前通胀指标识别体系的发展情况来看，国际上通用的指标主要包括消费者价格指数、生产者价格指数和经理人采购指数等，但不可否认的是，这些指标在衡量整个经济系统的通胀水平时具有一定的局限性和片面性。以当前中国的经济系统为例，尽管根据前面所提到的相关数据指标能够判断我国目前没有通胀情况的出现，但实际上国内的流动性规模仍然很大，大多数流动性聚集在金融市场内部。这样所导致的结果就是货币当局一方面很难把控当前的总体流动性规模，且一旦这些聚集在金融市场内的流动性因某一外部冲击而流入实体经济，必然会导致通胀水平的迅速上升，且这种上升对经济参与者和政策制定部门而言都是不可预期的。因此，我们必须进一步构建和完善一套能够识别并衡量潜在通胀水平的指标。许多学者提出了一个纳入资产价格的广义通胀指数，就是一个很好的思路，但由于资产价格的波动过于频繁，且国内资本市场发展的完善程度有待提高，目前显然不能将资产价格作为这一指标体系中的重要参考指标。货币当局应当通过对更多相关数据的考察与检验，找出能够引导现有通胀指标变化的先行指标，考察其对通胀水平的引导贡献度，将其纳入指标体系，为货币当局在判断当前货币稳定程度时提供前瞻性指导。

第二节　完善维护金融稳定的货币政策框架

关于货币政策在维护金融稳定过程中所扮演的作用，始终是国内外政策制定者以及经济学家争论的焦点。中央银行维护金融稳定的职能在很长时间被人忽视（De Gregorio，2010）。国际金融危机的爆发要求中央银行在实施货币政策时考虑更为明确和系统性的金融稳定因素（Agenor & DaSilva，2012）。从之前的研究可以发现，中央银行所实施的货币政策有利于维护一国金融稳定，中央银行也需要对金融不稳定作出反应。因此，在实现金融稳定目标的过程中，中国人民银行需要从以下几个方面作出考虑。

一、尽快实现我国货币政策框架由数量型向价格型转变

尽管本书在构建货币政策指示器函数时仍然沿用了以 McCallum 规则为核心的数量型政策规则，但不可否认的是，一方面，金融市场的运行主要靠价格性指标（如利率、资产价格等）决定资源的配置情况，而体现数量的指标（如市场流动性等）并不能简单明确地提供足够的信息；另一方面，随着金融产品的不断创新和利率市场化进程的逐步深入，货币需求函数的稳定性必然会呈下降趋势，这将进一步加大货币政策的调控难度。中央银行在进行货币政策改革过程中应当加快货币政策由数量型向价格型的转变，其中最重要的就是加快完善利率体系的建设。从当前情况来看，人民币的利率市场化进程已走过大半，下一步要做的是构建一套完整的利率走廊体系：加强对短期回购利率和常备借贷便利利率的调控和引导，将其作为短期利率体系中的基准利率；加强对再贷款、中期借贷便利和抵押补充贷款利率的引导，将其作为中长期利率体系中的基准利率。基于当前我国正经历深入的经济金融体制改革，为维持宏观经济稳定，货币政策不得不保留部分数量型特征，因此必然会在短期内出现数量型与价格型特征共存的局面。下一步，货币当局在加快构建利率走廊的同时，应当兼顾数量型货币政策工具的使用，最大限度地抑制货币政策框架改革进程中可能出现的波动与风险，维持宏观经济系统与金融市场的稳定运行。

二、参考前瞻性泰勒规则模型作为斟酌政策取向的基本准则

从现阶段货币政策理论的发展进程来看,由于货币政策时滞性的客观存在,货币当局更加关注的是能够引导当期通胀水平变化的前瞻性通胀率。在使用相应的政策工具维持货币稳定时,如果预期到未来通胀压力的产生,就必须提前采取相应的措施维持宏观经济与金融体系的稳定运行。从目前我国的货币政策执行情况来看,在预测未来通胀水平走势方面,准确程度仍有待提高。在整体框架由数量型向价格型转变的过程中,中国人民银行可以考虑前瞻性泰勒规则在我国的适用性,以提高货币政策实施效率,为宏观经济与金融市场稳定提供保障。

三、加强中国货币当局制定与实施货币政策的独立性

由于我国仍然实行的是参考一篮子货币的有管理的浮动汇率制度,资本项目开放度也日渐提高,基于三元悖论,货币当局的政策独立性必然会遭受一定程度的挑战。在保证资本自由流动的前提条件下,货币政策独立性与汇率制度选择之间存在权衡关系。受美元加息影响,人民币汇率在2016年初出现快速贬值趋势,这就迫使货币当局通过外汇干预的方式防止汇率贬值速度过快,从而加大了国内货币政策调控难度。因此,在当前人民币汇率并没有达到均衡水平的情况下,货币当局应当将稳定汇率作为货币政策实施过程中的一个重要目标,短期内更加注重外部均衡而非内部均衡;当人民币汇率回归到均衡水平时,货币当局才应当逐步放松外汇干预手段,加大汇率的自由波动区间,将注意力更多地放到国内经济上,此时才能在真正意义上实现货币政策的独立性。

第三节　强化货币政策与宏观审慎政策之间的协调

通常情况下,宏观审慎政策的主要目标在于维持金融体系稳健运行,这就使货币当局可以更加没有顾虑地以产出缺口与通胀作为核心目标来制定和执行货币政策。但从实践情况来看,由于时间不一致性、信息不对称

等多种内外生因素的影响，宏观审慎政策在许多时候无法有效实现维持金融稳定的目标，即不能利用相关的政策工具完全消化掉金融市场面临的冲击。此时，货币政策就应当在一定程度上辅助，甚至替代宏观审慎政策来维持金融稳定，在中间起到重要的补充作用，并接受相关权衡。要想实现货币政策与宏观审慎政策之间的高度协调，必须做到以下三点。

一是加快完善我国宏观审慎框架。中国的金融体系在近30年的发展过程中逐步形成了具有自身鲜明特点的运行特点，货币当局在设计宏观审慎政策工具、完善宏观审慎政策顶层框架时，应当充分考虑具有中国特色的金融运行机制，厘清市场与主体之间的相互关系。此外，货币当局与金融监管部门还应当关注微观审慎与宏观审慎之间的衔接与协调，在不断调整二者协调关系的基础上促进金融市场的稳健、快速发展。

二是应当加强监管部门与政策制定部门之间的沟通交流，提高政策执行效率。在制定和实施每一项涉及金融稳定的宏观经济政策时，必须尽可能考虑到实施这一政策所需承担的成本，对政策实施过程中可能出现的风险因素进行系统性分析与排查，避免该政策的实施对金融体系运行带来不必要的损失。对于这种潜在风险的识别与损失成本的核算，政策制定部门与监管部门必须做到信息互通，才能最大限度地避免政策实施后的溢出效应对未预期到的部门或领域产生显著的负面影响。更重要的是，货币当局与金融监管当局还应当明确宏观审慎政策的执行主体、权责分工，避免突发事件发生后出现重复监管调控或监管真空的情况。

三是构建能够实时观测金融体系运行状况的数据库，提高金融运行相关信息的透明度。IMF – BIS – FSB（2011）提出三套指标体系，用于描述金融体系的运行状况。第一类为能够描述金融失衡的指标体系，在这一体系中主要包括商业银行信贷指标、流动性指标和期限错配指标等，这些指标都能在一定程度上描述金融失衡情况；第二类为金融市场条件指标，主要包括市场规模、资产价格等一系列能够描述金融市场状况的指标；第三类为机构与市场间的关联数据指标，主要包括机构与机构、机构与市场以及不同市场之间的关联数据。在未来宏观审慎调控过程中，也应当将上述数据构建成一套完备的高频数据库，为政策制定者提供充分的参考数据。

总　结

　　金融稳定与货币稳定协调是一个十分重要的理论问题，回顾宏观经济学的发展脉络，特别是 20 世纪 90 年代以后的发展，可以清晰地看到经济学家和中央银行家们对于金融稳定与货币稳定之间协调的理论思考。无论是财富效应理论、金融加速器理论还是"Q 理论"等，这些经典理论的观点都成为指导本书研究的方法论。与此同时，金融稳定与货币稳定协调也是一个实践性很强的问题，特别是次贷危机爆发后，中央银行家们越发关注货币政策的实施对金融体系的影响，密切关注导致金融体系出现波动的因素是否最终也会对实体经济带来显著的负面冲击。对于一个独立的经济体而言，金融稳定与货币稳定的协调主要依赖该国货币政策的传导渠道、政策目标的锁定、国内外经济金融环境、国家的结构特征甚至中央银行的操作策略与信誉；而对于中国这一特殊的新兴市场国家来说，除了需要面对上述问题外，还需要面临当前"三期叠加"背景下的宏观经济金融体制改革，这就使金融稳定与货币稳定之间的协调问题更加复杂化。

　　中国作为世界第二大经济体，在经济结构转型和宏观调控改革双重约束下，需要应对更多、更复杂的实际问题，且由于中国特殊的经济金融环境，无法完全照搬发达经济体的先进经验。从中国的货币政策框架来看，改革开放以来一直采用的是包含物价稳定、经济增长、充分就业、国际收支平衡等在内的多目标体系。发达国家更多地采用双目标（就业与通胀）和单目标（通胀）体系。在货币政策工具数量有限的情况下，由于无法满足丁伯根法则，各目标之间的矛盾性，致使中央银行在制定与实施货币政策时会在某些时候放弃相对次要的目标，而重点关注那些急需稳定的目标。因此，在无法实现帕累托最优的条件下，中国的货币政策更多的时候往往追求的是帕累托次优。现阶段，中国货币政策目标也基本落脚于货币稳定与经济增长两大目标，而如果再将金融稳定纳入货币政策目标体系，反而会进一步增加货币政策的制定难度，不利于货币政策效率的提高。从当前的研究成果以及业内观点来看，金融稳定应当是宏观审慎政策的一个重要目标，通过宏观审慎工具予以调控，而国内外许多学者也都将如何同时实现金融稳定目标与货币稳定目标这一问题的研究衍生成为如何实现货币政策与宏观审慎政策之间的协调。但需要注意两点：一是我国还要进一步的完善宏观审慎政策框架，充分发挥政策工具的作用，以维持金融稳定；二是我们不能忽视金融稳定因素在货币政策实施过程中起到的重要作用，这一点无论是经典的经济学理论还是多年来的货币政策实践都能证明。

　　基于上述原因，本书并不强调将金融稳定作为一个明确的货币政策目标，而是考虑了一个含有金融稳定因素的货币政策框架，并希望货币当局在制定和实施货币政策时，遵循在维持货币稳定为首要目标的基础上，最大限度地保障金融体系稳健运行的原则，以此来实现金融稳定与货币稳定的协调，从而提高宏观经济调控效率。本书首先构建了一个中国金融稳定指数（FSI），并利用这一指数分析了含有金融稳定因素的货币政策传导效应，结果发现在货币政策对实体经济产生影响的过程中，金融稳定因素起到了十分关键的作用：在含有金融稳定因素的货币政策传导过程中，货币供给的正向冲击造成了金融不稳定情况的出现，而这种不稳定因素的集聚会对实体经济带来先促进、后抑制的冲击作用，最终实现了金融不稳定向实体经济不稳定的转移；从变量冲击的时滞性来看，货币供给对金融稳定的冲击以及金融稳定对产出缺口的冲击都体现出短期作用较中长期作用显著，说明金融稳定因素在货币政策的传导过程中表现为短期效应。这也充分说明了在含有金融稳定因素的货币政策框架下，货币政策的间接效应降低了货币政策实施效率，不利于最终目标的实现。在此基础上，本书进一步将金融稳定因素作为企业生产的损失成本纳入一个开放经济条件下的动态随机一般均衡模型，考察在含有金融稳定因素的一般均衡框架下，货币政策应当选择怎样的货币稳定目标才能最大限度地实现宏观经济稳定。从实证模拟的结果来看，无论是中国企业定价模式还是汇率制度的改变，都反映出货币政策能够通过稳定 CPI 实现熨平宏观经济波动的目标。因此，在中国宏观经济调控过程中，要想实现货币稳定目标，应当重点关注 CPI 的变化情况，但由于模型假设的绝对性，货币当局在实践中也应当注重 PPI 变化对宏观经济的影响，二者之间的权衡关系取决于企业在 PCP 与 LCP 定价模式中的权衡。在从定量的角度确定金融稳定与货币稳定的相关指标后，本书最后制定了一个实现金融稳定与货币稳定协调的策略：当金融不稳定因素不显著时，货币当局应当坚持实施以货币稳定为目标的货币政策；当金融不稳定因素凸显到无法忽视的地步时，货币当局应当采取行动，通过货币政策维持金融体系稳定运行，直到其恢复稳定状态。为验证这一策略的合理性，本书先通过 IS－LM－FA 理论框架分析设定了金融稳定指数的合意波动区间，进一步构建了金融稳定与货币稳定协调的货币政策反应函数，通过对实际数据的模拟证明了这一策略的合理性。以上分析结论，为进一步完善未来货币政策框架、提高政策协调水平提供了思路。

参考文献

［1］ ADAM, HERMANEK. Financial Stability Indicators: Advantages and Disadvantages of Their Use in the Assessment of Financial System Stability ［J］. Occasional Publications – Chapters in Edited Volumes, 2007: 69 – 79.

［2］ ANGELONI I, FAIA E. Capital regulation and monetary policy with fragile banks ［J］. Journal of Monetary Economics, 2013, 60 (3): 311 – 324.

［3］ BACKUS D, DRIFFILL J. Inflation and Reputation. ［J］. Levines Working Paper Archive, 1984, 75 (75): 530 – 538.

［4］ BARRO R J, GORDON D B. Rules, discretion and reputation in a model of monetary policy ［J］. Journal of Monetary Economics, 1983, 12 (1): 101 – 121.

［5］ BEAN C, PAUSTIAN M M PENALVER A, T Taylor. Monetary policy after the fall: Paper presented at the Federal Reserve Bank of Kansas City Annual Conference, Jackson Hole ［R］. Wyoning, 28 August 2010.

［6］ BENIGNO P, BENIGNO G. Designing targeting rules for international monetary policy cooperation ［J］. Journal of Monetary Economics. 2006, 53: 473 – 506.

［7］ BERNANKE B, GERTLER M. Agency Costs, Net Worth, and Business Fluctuations ［J］. American Economic Review, 1989, 79 (1): 14 – 31.

［8］ BERNANKE B S, Gertler M. Should Central Banks Respond to Movements in Asset Prices? ［J］. American Economic Review, 2001, 91 (2): 253 – 257.

［9］ BLANCHARD O, WOLFERS J. The Role of Shocks and Institutions in the Rise of European Unemployment: The Aggregate Evidence ［J］. Economic Journal, 2010, 110 (462): 1 – 33.

［10］ BORDO, JEANNE. Boom – Busts in Asset Price Economics Instability and Monetary Policy [R]. NBER Working Paper, 2002, 8966.

[11] BORDO, WHEELOCK. Price Stability and Financial Stability: The Historical Record [J]. Federal Reserve Bank of St. Louis Review, 1998.

[12] BORIO C, H ZHU. Capital Regulation, Risk – taking and Monetary Policy: A Missing Link in the Transmission Mechanism? [R]. BIS Working Paper, 2008, No. 268.

[13] BORIO C, W WHITE. Assessing the Risk of Banking Crises – Revisited [R]. BIS Quarterly Review, 2009: 29 – 46.

[14] BORIO, WHITE. Whether monetary and financial stability? The implications of evolving policy regimes [R]. BIS Working Paper, 2004, No. 147.

[15] BORIO, LOWE. Asset Prices, Financial and Monetary Stability: Exploring the Nexus [R]. BIS Working Paper, 2002, 114.

[16] Bryan M F, Cecchetti S G. Measuring Core Inflation [J]. Social & Economic Studies, 1993, 49 (2/3): 279 – 312.

[17] CALVO G A. Staggered prices in a utility – maximizing framework [J]. Journal of Monetary Economics, 1983, 12 (3): 383 – 398.

[18] CARUANA J. The Role of Central Banks in Macroeconomic and Financial Stability [J]. BIS Papers, 2014, 76: 1 – 8.

[19] CATTE P, COVA P, PAGANO P, ET AL. The role of macroeconomic policies in the global crisis [J]. Journal of Policy Modeling, 2011, 33 (6): 787 – 803.

[20] CETTE G, LOPEZ J, NOUAL P A. Investment in Information and Communication Technologies: An Empirical Analysis [J]. Working Papers, 2010 (116).

[21] CHANT J. Financial Stability as a Policy Goal, in: J. Chant, A. Lai, M. Illing and F. Daniel (eds.), Essays on Financial Stability [J]. Bank of Canada Technical Report, 2003, 95.

[22] CHARI V, JAGANNATHAN R. Banking Panics, Information, and Rational [R]. Federal Reserve Bank of Minneapolis in Its Series Working Papers with Number 320, 1988.

[23] CORSETTI G, DEDOLA L, LEDUC S. Optimal monetary policy and the sources of local – currency price stability [M]. In International dimensions

of monetary policy. Chicago, IL: University of Chicago Press, 2007.

[24] CROCKETT A. The Theory and Practice of Financial Stability [J]. De Economist, 1996, 144 (4): 531 – 568.

[25] DEL NEGRO M, PRIMICERI G E. Time – Varying Structural Vector Autoregressions and Monetary Policy: A Corrigendum [J]. Review of Economic Studies, 2005, 72 (3): 821 – 852.

[26] DEVEREUX M B, ENGEL C. Monetary policy in the open economy revisited: Price setting and exchange rate flexibility [J]. Review of Economic Studies, 2003, 70: 765 – 784.

[27] DEVEREUX M B, LANE P R, XU J. Exchange rates and monetary policy in emerging market economies [J]. Economic Journal, 2006, 116: 478 – 506.

[28] DEUTSCHE BUNDESBANK. Report on the Stability of the German Financial System [J]. Monthly Report, Frankfurt, December, 2003.

[29] DIAMOND, DYBVIG. Bank Runs, Deposit Insurance, and Liquidity [J]. Federal Reserve Bank of Minneapolis Quarterly Review, 2000, 24.

[30] FERGUSON R. Should Financial Stability Be An Explicit Central Bank Objective? [J]. Federal Reserve Board of Governors, Washington DC, 2002.

[31] FILARDO A. Monetary Policy and Asset Price Bubbles: Calibrating the Monetary Policy Trade – offs [R]. BIS Working Paper, 2009, No. 155.

[32] FISHER I. The Meeting of the Econometric Society in Washington, D. C. December, 1931 [J]. Econometrica, 1933, 1 (1): 87 – 90.

[33] FLAMINI A. Inflation targeting and exchange rate pass – through [J]. Journal of International Money & Finance, 2007, 26 (7): 1113 – 1150.

[34] FOOT M. What is "Financial Stability" and How Do We Get It? [J]. Speech delivered before the 1999 Financial Markets Conference of the Federal Reserve Bank of Atlanta, 1999.

[35] GALI J, MONACELLI T. Monetary policy and exchange rate volatility in a small open economy [J]. Review of Economic Studies, 2005, 72: 707 – 734.

[36] GERTLER M, KARADI P, JMONECO J. A model of unconventional monetary policy [J]. Journal of Monetary Economics, 2011, 58 (1):

17 – 34.

［37］GIAVAZZI F, F MISHKIN. An Evaluation of Swedish Monetary Policy between 1995 and 2005 ［R］. Report published by the Risk Committee on Finance, 2006.

［38］GOLDSTEIN M, LARDY N. A Modest Proposal for China's Renminbi ［N］. Financial Times, August 26th, 2006.

［39］GOODFRIEND M. Interest Rate Policy Should not React Directly to Asset Prices. in Asset Price Bubbles: The Implications for Monetary, Regulatory and International Policies ［R］. MIT Press, 2002: 427 – 444.

［40］GOODHART, HOFMANN. Asset Price, Financial Conditions, and the Transmission of Monetary Policy ［R］. Paper prepared for the conference on " Asset Prices, Exchange Rates, and Monetary Policy " Stanford University, March 2 – 3, 2001.

［41］GORTON G. Banking Panics and Business Cycles ［J］. Oxford Economic Papers, 1988, 40 (4): 751 – 781.

［42］GREENSPAN A. Risk and Uncertainty in Monetary Policy ［J］. American Economic Review, 2004, 94 (2): 33 – 40.

［43］HALLING M, HAYDEN E. Bank Failure Prediction: A Two – Step Survival Time Approach ［J］. IFC Bulletins Chapters, 2008, 28.

［44］HERRERO, RIO. Implications of the Design of Monetary Policy for Financial Stability ［R］. Economics Working Paper Ardrive at WUSTL, Macroeconomic. 2003, 0304008.

［45］HOUBEN A KAKES, J G SCHINASI. Towards a Framework for Safeguarding Financial Stability ［J］. IMF Working Paper, 2004, 04 – 101.

［46］IMF. De Facto Classification of Exchange Rate Regimes and Monetary Policy Frameworks ［EB/OL］. http://www. imf. org/external/np/mfd/er/2005/eng/1205. htm: December 31th, 2005/April 26th, 2011.

［47］JANET L YELLEN. Linkages between Monetary and Regulatory Policy: Lessons from the Crisis, presentation to the meeting of Institute of Regulation and Risk, North Asia ［R］. Hong Kong, 2009, November 17.

［48］JACKLIN C J, BHATTACHARYA S. Distinguishing Panics and Information – based Bank Runs: Welfare and Policy Implications ［J］. Journal of

Political Economy, 1988, 96.

[49] JAN WILLEM VAN DEN END, MOSTAFA TABBAE. Measuring Financial Stability: Applying the MfRisk model to the Netherlands [R]. De Nederlandsche Bank Working Paper, 2005, 30.

[50] JEANNINE BAILLIU, CESAIRE MEH, YAHONG ZHANG. Macroprudential Rules and Monetary Policy When Financial Frictions Matter [R]. Bank of Canada Working Papers, 2012 – 6.

[51] KANNAN P, RABANAL P, A SCOTT. Monetary and Macroprudential Policy Rules in a Model with House Price Booms [R]. IMF Working Paper, 2009, No. 09.

[52] KENT C P LOWE. Asset – price Bubbles and Monetary Policy [R]. Reserve Bank of Australia Research Discussion Paper, 1997.

[53] KOCAGIL A E, SHACHMUROVE Y. Return - volume dynamics in futures markets [J]. Journal of Futures Markets, 1998, 18 (4): 399 – 426.

[54] KYDLAND F E , PRESCOTT E C. Rules Rather than Discretion: The Inconsistency of Optimal Plans [J]. Journal of Political Economy, 1977, 85 (3): 473 – 491.

[55] LAKER F. Monitoring Financial System Stability [J]. 52nd International Banking Summer School, Melbourne, 1999.

[56] LOISELY O A POMMERETZ, F PORTIERX. Monetary Policy and Herd Behavior in New – tech Investment [J]. Mimeo, Banque de France, 2009 November.

[57] LUCAS R E, RAPPING L A. Unemployment in the Great Depression: Is There a Full Explanation? [J]. Journal of Political Economy, 1972, 80 (1): 186 – 191.

[58] LUCIO. Toward a New Paradigm in Open Economy Modeling: Where Do We Stand? [J]. Federal Reserve Bank of St Louis Review, 2013, 83 (3): 21 – 36.

[59] LUDWIG A, SLOKT. The Impact of Changes in Stock Prices and House Prices on Consumption in OECD Countries [J]. Social Science Electronic Publishing, 2001, 02 (1).

[60] MARVIN GOODFRIEND. How the World Achieve Consensus on

Monetary Policy? [R]. NBER Working Paper, 2007, No. 13580.

[61] MAURICE OBSTFELD. International Finance and Growth in Developing Countries: What Have We Learned? [R]. The Commission on Growth and Development. Working Paper No. 34.

[62] MCCALLUM B T. Multiple – Solution Indeterminacies in Monetary Policy Analysis [J]. Journal of Monetary Economics, 2003, 50 (5): 1153 – 1175.

[63] MCCALLUM B T. The Development of Keynesian Macroeconomics [J]. American Economic Review, 1987, 77 (2): 125 – 129.

[64] MIGUEL A M. A Financial Stability Index for Colombia [J]. Ann Finance, 2010, 6.

[65] MISHKIN F S. Inflation Targeting in Emerging – Market Countries [J]. NBER Working Papers, 2000, 90 (90): 105 – 109.

[66] MISHKIN F S. Is Monetary Policy Effective during Financial Crises? [J]. American Economic Review, 2009, 99 (2): 573 – 577.

[67] MISHKIN F S. Monetary policy flexibility, risk management, and financial disruptions [J]. Journal of Asian Economics, 2010, 21 (3): 242 – 246.

[68] MISHKIN F S. Simulation Methodology in Macroeconomics: An Innovation Technique [J]. Journal of Political Economy, 2000, 87 (4): 816 – 836.

[69] MINSKY H P. The Financial Instability Hypothesis: An Interpretation of Keynes and an Alternative to "Standard" Theory [J]. Nebraska Journal of Economics & Business, 1977, 20 (1): 20 – 27.

[70] MISHKIN. Global Financial Instability: Framework, Events, Issue [J]. Journal of Economic Perspectives, 1993, 13.

[71] MONACELLI T. Monetary policy in a low pass – through environment [J]. Journal of Money, Credit and Banking, 2005, 37: 1047 – 1066.

[72] N'DIAYE, PAPA. Countercyclical Macro Prudential Policies in a Supporting Role to Monetary Policy [R]. IMF Working Paper, 2009, No. 9.

[73] OBSTFELD M, ROGOFF K. The mirage of fixed exchange rates [R]. National Bureau of Economic Research, 1995.

[74] OBSTFELD M. International Macroeconomics: Beyond the Mundell – Fleming Model [R]. NBER Working Paper, 2001, No. 8369.

[75] O'DOWD. The Syntactic Metaphor of Subordination: A Typological Study [J]. Lingua, 1992, 86: 46 – 80.

[76] PADOA – SCHIOPPA T. Central Banks and Financial Stability: Exploring a Land in Between [J]. in: V. Gaspar, P. Harmann, O. Sleijpen (eds.), The Transformation of the European Financial System, European Central Bank, Frankfurt, 2003.

[77] PARK, PERISTIANI. Are Bank Shareholders Enemies of Regulators or a Potential Source of Market Discipline? [J]. Journal of Banking & Finance, 2007, 31.

[78] REDDY S K, SWAMINATHAN V, MOTLEY C M. Exploring the Determinants of Broadway Show Success [J]. Journal of Marketing Research, 1998, 35 (3): 370 – 383.

[79] ROGOFF K. The Optimal Degree of Commitment to an Intermediate Monetary Target [J]. Quarterly Journal of Economics, 1985, 100 (4): 1169 – 1189.

[80] SARGENT T J, WALLACE N. Rational Expectations and the Theory of Economic Policy [J]. Journal of Monetary Economics, 1976, 2 (2): 169 – 183.

[81] SCHINASI G J. Responsibility of Central Banks for Stability in Financial Markets [J]. IMF Working Papers, 2003, 3 (121).

[82] SCHWARTZ A J. Why Financial Stability Despends on Price Stability [J]. Economic Affairs, 2010, 15 (4): 21 – 25.

[84] SIMONS H C. Rules versus Authorities in Monetary Policy [J]. Journal of Political Economy, 1936, 44 (1): 1 – 30.

[85] STIGLITZ J E, WEISS A. Credit Rationing in Markets with Imperfect Information [J]. American Economic Review, 1981, 71 (3): 393 – 410.

[86] SVENSSON L E O. What Is Wrong with Taylor Rules? Using Judgment in Monetary Policy through Targeting Rules [J]. Journal of Economic Literature, 2003, 41 (2): 426 – 477.

[87] TOBIN SHIN H S. Money, Liquidity, and Monetary Policy [J].

American Economic Review, 2009, 99 (2): 600 – 605.

［88］WELLINK A H E M. Current issues in central banking ［J］. Speech at Central Bank of Aruba, Oranjestad, Aruba 2002.

［89］WHITE W R. Procyclicality in the Financial System: Do We Need a New Macro – financial Stabilization Framework? ［R］. BIS Working Paper, 2006, No. 193.

［90］Y DEMYANYK, HEMERT O V. Understanding the Subprime Mortgage Crisis ［J］. Review of Financial Studies, 2011, 24 (6): 1848 – 1880.

［91］ZHU H. Capital regulation and banks' financial decisions ［J］. BIS Working Paper, 2007, 68 (1): 165 – 211.

［92］卞志村. 泰勒规则的实证问题及在中国的检验 ［J］. 金融研究, 2006 (8): 56 – 69.

［93］卞志村, 高洁超. 适应性学习、宏观经济预期与中国最优货币政策 ［J］. 经济研究, 2014 (4): 32 – 46.

［94］陈刚. 通胀、汇率冲击与浙江进出口贸易 ［J］. 浙江经济, 2012 (15): 9.

［95］陈彦斌, 郭豫媚, 陈伟泽. 2008 年金融危机后中国货币数量论失效研究 ［J］. 经济研究, 2015 (4): 21 – 35.

［96］楚尔鸣, 石华军. 宏观调控的新视域: 货币政策定力探析 ［J］. 经济学动态, 2014 (1): 82 – 88.

［97］郭庆旺, 贾俊雪. 中国潜在产出与产出缺口的估算 ［J］. 经济研究, 2004 (5): 31 – 39.

［98］何德旭, 娄峰. 中国金融稳定指数的构建及测度分析 ［J］. 中国社会科学院研究生院学报, 2011 (4): 16 – 25.

［99］贺力平, 樊纲, 胡嘉妮. 消费者价格指数与生产者价格指数: 谁带动谁? ［J］. 经济研究, 2008 (11): 44 – 48.

［100］侯成琪, 龚六堂, 张维迎. 核心通货膨胀: 理论模型与经验分析 ［J］. 经济研究, 2011 (2): 4 – 18.

［101］黄志刚. 加工贸易经济中的汇率传递: 一个 DSGE 模型分析 ［J］. 金融研究, 2009 (11): 32 – 48.

［102］霍德明, 刘思甸. 中国宏观金融稳定性指标体系研究 ［J］. 山西财经大学学报, 2009, 31 (10): 15 – 21.

［103］惠康，任保平，钞小静．中国金融稳定性的测度［J］．经济经纬，2010（1）：145－149.

［104］黄佳，朱建武．基于金融稳定的货币政策框架修正研究［J］．财经研究，2007，33（4）：96－106.

［105］卡尔·布鲁纳，艾伦·H. 梅尔茨．货币经济学：货币分析问题［M］．康以同，史祎，强屹峰，何杨捷，译．北京：中国金融出版社，2010.

［106］陆磊．非均衡博弈、央行的微观独立性与最优金融稳定政策［J］．经济研究，2005（8）：32－43.

［107］刘斌．我国 DSGE 模型的开发及在货币政策分析中的应用［J］．金融研究，2008（10）：1－21.

［108］刘明．中国通货膨胀的变动特征——一组基于 CPI 的宏观经济变量统计分析［J］．经济问题探索，2014（4）：6－10.

［109］刘明志．中国的 M2/GDP（1980—2000）：趋势、水平和影响因素［J］．经济研究，2001（2）：3－12.

［110］刘郁葱．论货币政策与金融稳定的内生性冲突——基于资产价格和流动性分析的视角［J］．浙江金融，2011（2）：34－39.

［111］李永宁，黄明皓，郭玉清，等．经济危机与货币政策共识的形成和修正：从大萧条到大缓和再到大衰退［J］．经济社会体制比较，2013（3）：26－38.

［112］马勇．基于金融稳定的货币政策框架：理论与实证分析［J］．国际金融研究，2013（11）：4－15.

［113］苗文龙．金融稳定与货币稳定——基于信息约束经济中央银行独立性的分析［J］．金融研究，2007（1）：163－174.

［114］孙稳存．货币政策与中国经济波动缓和化［J］．金融研究，2007（7）：10－24.

［115］汤向阳，林毅夫：中国再增长动力何在［J］．中国中小企业，2012（8）：30－33.

［116］许伟，陈斌开．银行信贷与中国经济波动：1993—2005［J］．经济学（季刊），2009，8（3）：969－994.

［117］万晓莉．中国 1987～2006 年金融体系脆弱性的判断与测度［J］．金融研究，2008（6）：80－93.

[118] 万晓莉. 我国货币政策能减小宏观经济波动吗？——基于货币政策反应函数的分析 [J]. 经济学（季刊），2011，10（2）：435 - 456.

[119] 王明华，黎志成. 金融稳定评估指标体系：银行稳定的宏观成本控制研究 [J]. 中国软科学，2005（9）：126 - 132.

[120] 王雪峰. 中国金融稳定状态指数的构建——基于状态空间模型分析 [J]. 当代财经，2010（5）：51 - 60.

[121] 王雅炯. 货币政策成本和中央银行利润 [J]. 投资研究，2012（2）：3 - 14.

[122] 王自力. 金融稳定与货币稳定关系论 [J]. 金融研究，2005（5）：1 - 11.

[123] 吴念鲁，郧会梅. 对我国金融稳定性的再认识 [J]. 金融研究，2005（2）：152 - 158.

[124] 谢平，张怀清. 融资结构、不良资产与中国 M2/GDP [J]. 经济研究，2007（2）：27 - 37.

[125] 姚余栋，李连发，辛晓岱. 货币政策规则、资本流动与汇率稳定 [J]. 经济研究，2014（1）：127 - 139.

[126] 闫先东，刘西，马国南. 中国法定存款准备金政策动机与货币政策效应 [J]. 金融研究，2012（12）：38 - 53.

[127] 易纲，王召. 货币政策与金融资产价格 [J]. 经济研究，2002（3）：13 - 20.

[128] 张洪涛，段小茜. 金融稳定有关问题研究综述 [J]. 国际金融研究，2006（5）：65 - 74.

[129] 张焕明. 价格波动会影响通货膨胀吗——CUKIERMAN 假说的中国经验验证 [J]. 经济学家，2012，7（7）：37 - 45.

[130] 张卫平. 货币政策理论：基于动态一般均衡方法 [M]. 北京：北京大学出版社，2012.

[131] 张延. 扩张性财政政策的中长期后果：通货膨胀——凯恩斯主义模型对 1992～2009 年中国数据的检验 [J]. 经济学动态，2010（1）：43 - 47.

[132] 赵玉敏，郭培兴，王婷. 改善贸易条件的建议 [J]. 经济研究参考，2002（69）：38 - 40.

[133] 中国人民银行. 中国金融稳定报告 [M]. 北京：中国金融出

版社.

　　［134］周小川．新世纪以来中国货币政策采取多目标制［J］．商，2012（22）：9 - 9.

　　［135］周小川．新世纪以来中国货币政策的主要特点［J］．中国金融，2013（2）：4 - 10.

　　［136］周小川．金融业标准制定与执行的若干问题［J］．中国金融，2012（1）：9 - 14.

　　［137］周小川．关于推进利率市场化改革的若干思考［J］．西部金融，2011（2）：4 - 6.

　　［138］周小川．人民币资本项目可兑换的前景和路径［J］．金融研究，2012（1）：1 - 19.

后 记

回首过去，恍如隔世。不知不觉已在天津财经大学（以下简称天财）度过十余年光阴，现在的我早已不是当年懵懵懂懂的少年了。转眼间，我已由一名求学者转变成授业者，对新进入大学校园的孩子们传道解惑。多年的求学，让我不断地在我的研究领域探索，让我深知求知之路的艰辛。此生有幸有我的导师王爱俭教授无微不至的关怀与指导，我才能走到今天。刚进师门时，我的学术功底不够扎实，待人接物能力也不足，而王老师长期以来对我的言传身教，不仅为我的学术研究提供了清晰的指导方向，也教会了我许多做人、做事的道理。远离父母，本应感到孤寂，但正是王老师在生活上对我的关怀备至，让我感受到了家的温馨。特别是王老师努力向上的工作态度让我由衷地敬佩，她即使退休了，也依然活跃在学术理论的研究前沿，致力于为国家提供更有价值的智力支持。此生我都应以王老师为榜样，努力为国家的经济金融发展贡献出自己全部的力量！

如果说王爱俭老师是我的指路明灯，那么还有许多老师也是在我求学期间乃至对我的整个人生都产生了不可磨灭的影响，帮助我在学业上获得了更多的知识。感谢肖红叶老师、高正平老师、孙森老师、张元萍老师、马亚明老师、刘乐平老师、刘喜和老师、任碧云老师、张湧泉老师、李向前老师、李连芝老师、李婷老师等对我在学术上的指导，他们有的变成了我的同事、领导，而有的已经离我而去。但无论如何，正是他们对我的帮助，使我走到今天，走向人生新阶段。

在此还要感谢我的同门师兄弟和我的博士同学，你们就如同我的兄弟姐妹，在学习和生活上都给了我许多无私的帮助与支持。感谢林楠师兄、王璟怡师姐、林文浩师兄、杨帆师姐、尚航飞师兄、邓黎桥师弟、杜强师弟、林章悦师弟，以及我的博士同学傅绍正、王玥、徐洪海、孟杰。正是你们的支持，让我的学术之路并不孤单。

我要感谢我的父母，感谢他们二十多年的养育之恩，让我从小生活在一个无忧无虑的环境中，是你们给了我一个如此幸福美满的家庭。感谢我的爷爷、奶奶和外婆，是你们对我从小到大的关怀与教育，让我知道怎样才能做一个有用的人、一个正直的人。感谢我的姑父和姑姑，你们不仅在我在天津求学期间给予了我生活上的帮助，更是在学业上无私地提供了万般支持，让我感激万分。感谢我的舅舅、舅妈和表妹，让我的童年生活如此多姿多彩。感谢我的岳父、岳母无私的帮助和支持，让我有了更多前进的动力。

在这里，我还需要特别地感谢我的妻子裴媛。初为人父，背井离乡，是她陪我度过了一个又一个的艰难险阻。我明白作为一名科研工作者、一名教师的妻子有多么不容易，我也知道自己需要做的还有很多很多，但我相信一路上有她陪着我，我们相互扶持，后面的日子只会更加甜蜜美满。

太多的感谢无法送给每一位曾经帮助过我的人。他们为我所做的一切，让我明白了什么才是无私的爱。承载着这些所有的爱，我希望自己未来能够做一个对这个社会有奉献的人，去帮助那些有需要的人。每一位曾经帮助过我的人，都给了我前进的勇气和力量，深深地感谢你们！

刘玚

2019 年 5 月 18 日于天财园